Porter
Kleine Geschichte
der Aufklärung

ROY PORTER

KLEINE GESCHICHTE DER
AUFKLÄRUNG

Aus dem Englischen von
Ebba D. Drolshagen

Verlag Klaus Wagenbach   Berlin

Die Originalausgabe erschien 1990 unter dem Titel
The Enlightenment bei Macmillan, London

Wagenbach Taschenbuch 192

© 1990 Roy Porter
© 1991 für die deutsche Ausgabe:
Verlag Klaus Wagenbach, Ahornstraße 4, 1000 Berlin 30
Umschlaggestaltung Rainer Groothuis
unter Verwendung des Gemäldes *Le lever de Voltaire*
von Jan Huber (Archiv für Kunst und Geschichte, Berlin)
Das Frontispiz zeigt Isaac Newton beim Experimentieren mit Licht.
Das Karnickel auf Seite 1 zeichnete Horst Rudolph.
Gesetzt aus der Korpus Walbaum von Mega-Satz-Service, Berlin
Druck und Bindung durch Wagner, Nördlingen
Printed in Germany. Alle Rechte vorbehalten
ISBN 3 8031 2192 2

Inhalt

Romantik

eine zum Gefühlvollen, Wunderbaren, Märchenhaften und Phantastischen neigende Weltanschauung und -darstellung.

geistes- und stilgeschichtl. Epoche, die um die Wende zum 19. Jh. Aufklärung und Klassizismus ablöste

Einleitung

Ende der sechziger Jahre erschien Peter Gays hervorragender zweibändiger Überblick über das Denken des achtzehnten Jahrhunderts *The Enlightenment: An Interpretation* [42]. Knapp eintausend Seiten lang ist das Buch von Gay, Geschichtsprofessor erst an der Columbia University, dann in Yale, eine umfassende, verständliche und lebendig geschriebene Studie über diese Zeit, ihre Probleme und ihre führenden Persönlichkeiten. In einem »Biographischen Essay« von weiteren 250 Seiten präsentierte und kommentierte er die schon damals umfangreiche Literatur zum Thema.

Gay schrieb allerdings zu einem Zeitpunkt, als Arbeiten über die Aufklärung wie Pilze aus dem Boden zu schießen begannen. In den zwei Jahrzehnten, die seither vergangen sind, sind so viele neue Bücher und Aufsätze erschienen, die sich mit den unterschiedlichsten Themen befassen und die häufig alte Behauptungen in Frage stellen, daß bezweifelt werden muß, ob heute eine Arbeit wie Gays in weniger als vier oder fünf Bänden möglich wäre und ein weiterer Band für die Bibliographie hinzukäme. Und wer sollte sie schreiben?

Angesichts des beträchtlich gewachsenen wissenschaftlichen Interesses an der Aufklärung mag die Hoffnung, auf etwa einhundert Seiten darüber etwas Nennenswertes sagen zu können, ausgesprochen naiv wirken. Und doch, es ist wichtig, es zu versuchen. Nur wenige Schüler und Studenten haben problemlos Zugang zu der ungeheuren Menge neuer Forschungsergebnisse, die in Monographien und einer ständig wachsenden Zahl spezialisierter Fachjournale erscheinen und sich mit unterschiedlichen Bereichen wie Literaturwissenschaft, Kulturgeschichte, Sozialgeschichte, Ideengeschichte, Religion, Naturwissenschaft und so weiter befassen. Nur wenige Bibliotheken verfügen über alle Bände der überaus wichtigen, inzwischen etwa dreihundert Titel umfassenden Schriftenreihe der Voltaire Foundation.

In einem Einführungstext wie diesem reicht der Platz nicht, um mehr als einen Bruchteil dieser Forschung umreißen zu können, ja er reicht nicht einmal, um sie als »Weiterführende Literatur« am Ende des Buches aufzuführen. Ich wollte mich auf die wichtigsten Interpretationen und Fragen zum Thema Aufklärung beschränken und überprüfen, ob sie noch Gültigkeit haben oder ob sie heute modifiziert werden müssen. In manchen Forschungsbereichen brachten Studien, die sich dem Thema mit einem anderen Blick näherten, wesentliche neue Informationen an den Tag. In anderen hat sich unsere Beurteilung dessen, was die wirklich wichtigen Fragen der Denk-, Ideen- und Kulturgeschichte sind, grundlegend verändert. Diesen Aspekt hätten die Protagonisten der Aufklärung zu schätzen gewußt: Thema des *Discours préliminaire* der berühmten *Encyclopédie* von Diderot und d'Alembert ist die Notwendigkeit, nach neuen Formen von Wissen zu suchen, um für die Erfordernisse einer neuen Welt gewappnet zu sein [60; 78].

Mein Ziel war also ein darstellender, kritischer und historiographischer Text, der jedoch kein »Rezensionsessay«, d.h. kein reiner Kommentar zur neueren Forschung werden sollte. Stattdessen habe ich mich um eine eigenständige und in sich geschlossene Darstellung bemüht.

Vor etwas über zweihundert Jahren schrieb Immanuel Kant einen Aufsatz mit dem Titel *Was ist Aufklärung?* Für Kant war die Aufklärung das endgültige Erwachsenwerden des Menschen, die Emanzipation des menschlichen Bewußtseins aus der Unmündigkeit der Unwissenheit und des Irrtums. Er meinte, dieser geistige Befreiungsprozeß sei bereits zu seiner Lebenszeit wirksam. Fortschritte im Wissen – das Verstehen der Natur, doch auch die Kenntnis, die der Mensch über sich gewann – bewirkten diesen großen Sprung nach vorn. Kants Losung, ›Habe Mut, dich deines eigenen Verstandes zu bedienen‹, hatte er dem *sapere aude* des lateinischen Dichters Horaz entlehnt.

Doch nur die unkritischsten Historiker würden heute mit gleicher Überzeugung wie Kant erklären, daß das, was wir als Aufklärung des achtzehnten Jahrhunderts kennen, jener Korpus ›fortschrittlicher‹ und ›liberaler‹ Ideen und Gedanken nämlich, die von damals führenden Intellektuellen und Propagandisten verbreitet wurden, ohne Zweifel als eine wesentliche Stufe in der menschlichen Weiterentwicklung anerkannt werden müsse. Historiker zögern zu Recht, den Sprechern der Vergangenheit aufs Wort zu glauben. Jedenfalls wirken Geschichtswerke über ›die Guten und die Bösen‹, in denen vorausschauende ›Helden‹ um einer besseren Zukunft willen reaktionäre Tyrannen und bigotte Menschen bezwingen, heute ausgesprochen einseitig und voller Vorurteile. Die Hoffnung wäre verfehlt, in der Aufklärung einen perfekten Entwurf für den Fortschritt der Menschheit zu finden. Klüger ist die Sicht, daß sie einige Probleme aufwirft, die Historiker lösen müssen.

Die Bewegung hatte lange Zeit einen schlechten Ruf. Romantiker und Viktorianer lehnten das ›Zeitalter der Vernunft‹ – wie die Geistesströmung des achtzehnten Jahrhunderts im allgemeinen genannt wurde – als Ära oberflächlicher und mechanischer Denker ab, die anmaßend auf abstrakte Vernunft vertrauten. Vernunft allein würde ihnen ein lückenloses Wissen über Mensch, Gesellschaft, Natur und Kosmos bescheren, es ihnen ermöglichen, eine Kritik des politischen und religiösen Status quo zu formulieren, und sie würde vor allem das Fundament sein, auf dem eine utopische Zukunft errichtet werden würde. Doch in der Welt gab es (so die Romantiker) viel mehr, als in den Tagträumen der Aufklärungsphilosophen aus den Studierstuben Platz fand: nicht zuletzt Phantasie, Gefühl, die organische Kraft von Überlieferung und Geschichte, die Geheimnisse der Seele. Die Aufklärungslehren – mitunter unklug, oft verführerisch, stets aber seicht – hatten sich als schrecklich gefährlich erwiesen. Ihr gepriesener Humanismus habe (so der Vorwurf vieler Kritiker des neunzehnten Jahrhunderts) in der Französischen Revolution und danach zu Verbrechen gegen die Menschlichkeit geführt. Antagonisten der Aufklärung äußern dergleichen implizit noch heute [93; 104].

Das ›Zeitalter der Vernunft‹ hatte also im neunzehnten Jahrhundert kaum Freunde. Die Romantiker fanden es seelenlos, die Konservativen zu radikal, die Radikalen hingegen mußten betrübt feststellen, daß dessen führende Vertreter, Voltaire zum Beispiel, im Grunde weltzugewandt und elitär waren, mehr Salonschwätzer denn revolutionäre Aktivisten. Erst unser Jahrhundert, das die tatsächliche Komplexität des Verhältnisses von Ideologie und Handeln erkennen mußte, würdigte zunehmend die subtilen Widersprüchlichkeiten der Aufklärung.

Zum einen sind sich Historiker heute darüber einig, daß schon die Bezeichnung ›Zeitalter der Vernunft‹ für das achtzehnte Jahrhundert überaus irreführend ist [42]. Viele führende Intellektuelle jenes Jahrhunderts lehnten die rationalistischen Systeme der Philosophen des siebzehnten Jahrhunderts ab, ganz besonders Descartes (mit seinen »klaren und distinkten Anschauungen«, die sich ohne weiteres der Vernunft erschlossen) und Leibniz. Sie verwarfen sie mit gleicher Heftigkeit wie alles, was ihnen sprachliche Spitzfindigkeiten einer rationalistischen, scholastischen Theologie zu sein schienen, die im Mittelalter von Thomas von Aquin formuliert (Thomismus) und durch die Gegenreformation weiterentwickelt wurde.

Angesichts der triumphalen Erfolge der Newtonschen Naturwissenschaft sahen die Männer[1] der Aufklärung den einzigen Weg zu wahrem Wissen in Erfahrung und Experiment, nicht *a priori* in Vernunft [84]. Der Mensch war nicht nur ein fühlendes, er war ebensosehr ein denkendes Tier. Ohne Zweifel gebar, so Goya, der »Schlaf der Vernunft Ungeheuer«. Aber auch die Vernunft führte, abgelöst von Erfahrung und Empfinden, zu Irrtum und Absurdität, wie Voltaire auf erfrischende Weise in seinem philosophischen Roman *Candide* vorführt. Dessen Antiheld Dr. Pangloss ist derart verblendet durch seine, von Leibniz geprägte, metaphysische Auffassung, wonach »in der besten aller möglichen Welten alles aufs beste eingerichtet ist«, daß ihm die Grausamkeiten und Leiden, die unmittelbar vor seiner besten aller möglichen Nasen geschehen, völlig gleichgültig sind [42, Bd. 1, S. 197; 98].

Wie Gay hervorhob, waren die Protagonisten der Aufklärung weder Rationalisten, die meinten, Vernunft sei alles, noch waren sie Irrationalisten, deren Urteil sich Gefühlen, intuitivem Glauben und Autorität unterordnete [42, Bd. 1, S. 127 f.]. Unreflektierte Extreme dieser Art kritisierten sie ausnahmslos, denn mehr als alles andere waren sie *Kritiker*, die mit Hilfe der menschlichen Intelligenz das Wesen des Menschen verstehen, den Mensch als soziales Wesen und die natürliche Umwelt, in der er lebt, analysieren wollten. Dieses Verstehen würde das Fundament für eine bessere Welt sein.

Sie selbst nannten sich ›Philosophen‹, und diesen Begriff (französisch *philosophes*) werde ich im folgenden als Ober-

---

1 Die entscheidenden Denker der Aufklärung waren tatsächlich fast ausschließlich Männer. Zur Rolle der Frauen in der Aufklärung siehe »Wer war die Aufklärung?«, S. 56 ff.

begriff benutzen. (Gelegentlich wähle ich das Wort ›Aufklärer‹). Doch wir dürfen sie uns nicht wie die typischen Philosophieprofessoren unserer Zeit vorstellen, die in ihrem akademischen Elfenbeinturm über Bedeutungsnuancen von Wörtern nachgrübeln. Sie waren vielmehr Männer, die im Leben standen: Journalisten, Propagandisten, Aktivisten, die die Welt nicht nur verstehen, sondern auch verändern wollten. Folgerichtig definierte Diderots und d'Alemberts *Encyclopédie* den *philosophe* als jemanden, »der Vorurteile, Überlieferung, generellen Konsens, Autorität, kurz, alles mit Füßen tritt, was die meisten Geister versklavt, der es wagt, selbst zu denken«. In den sechziger Jahren des achtzehnten Jahrhunderts stand Voltaire im Kampf gegen juristische Ungerechtigkeit bei mehreren *cause célèbres* in erster Reihe; der *philosophe*-Ökonom Turgot wurde für kurze Zeit zum Generalkontrolleur der französischen Staatsfinanzen ernannt; der führende amerikanische Intellektuelle Ben Franklin aus Philadelphia war nicht nur Begründer der Elektrizitätslehre und Erfinder der Bifokalgläser sowie des Blitzableiters, sondern spielte auch bei der Gründung der neuen amerikanischen Republik eine entscheidende Rolle [68].

Heute ist ein umfassenderes Wissen über Männer wie Diderot und Condorcet an die Stelle der alten Karikatur getreten, wonach die *philosophes* dogmatische Erfinder von Systemen mit eifersüchtig gehüteten ökonomischen Patentlösungen und »eitlen Utopien, die im Gehirn sitzen« waren [12; 78; 107]. Vor allem sollten wir uns hüten, ihre Gedanken vereinfacht darzustellen. Sie wählten oft populäre Formulierungen (um sich dem Volk verständlich zu machen) und benutzten oft Schlagworte (das mußten sie, um gehört zu werden). Aber hinter den Schlagworten lag eine große Differenziertheit. Etwa ab 1760 eröffnete Voltaire seine Offensive gegen die Übel der Religion mit einem Satz, der zu einem berüchtigten Slogan wurde: *Écrasez l'Infâme* (Zerschlagt die Niederträchtige). Doch der Schluß, er habe jeglicher Art von Religion den Krieg erklärt, wäre überstürzt (siehe unten,

Kapitel 4). Erfahrungen mit den Polizeistaaten des zwanzigsten Jahrhunderts hätten uns lehren sollen, warum die *philosophes* bei unterschiedlichen Gelegenheiten mit unterschiedlichen Stimmen sprechen mußten: Um die allgegenwärtigen Zensoren zu überlisten, mußten sie einmal unumwunden, ein andermal in Rätseln oder Fabeln sprechen. Klare Worte waren nicht immer möglich oder wirkungsvoll.

Nachdem tief verwurzelte Mythen und Vorurteile auf diese Weise aus dem Weg geräumt sind, können wir beginnen, Wesen und Bedeutung der Aufklärung neu zu bewerten. Doch das ist noch immer nicht ganz einfach. Gay präsentiert in seiner blendenden und von Wohlwollen getragenen Studie, die im optimistischen Klima der sechziger Jahre entstand, die Aufklärung als Einheit (»es gab nur eine Aufklärung« [42, Bd. 1, S. 3], als Werk von Menschen, die einander fast alle kannten und bewunderten oder die jedenfalls mit den gegenseitigen Werken vertraut waren. Diese Männer stammten aus den wichtigsten Nationen Europas und dem englischsprachigen Nordamerika. Da waren die Franzosen Montesquieu, Voltaire, Diderot, d'Alembert, Turgot, Condorcet – die Briten Hume und Gibbon, der Genfer Rousseau, die deutschstämmigen d'Holbach, Kant und Herder, der Amerikaner Benjamin Franklin. Sie waren der harte Kern jener von Gay als ›Familie‹ oder ›kleiner Schar‹ bezeichneten *philosophes*, deren Blütezeit im achtzehnten Jahrhundert lag, zwischen den zwanziger Jahren und den achtziger Jahren bis zur Dämmerung der neuen Amerikanischen Republik und zu einer Zeit, als sich auch die Französische Revolution bereits am Horizont abzeichnete. Und da wären noch zahlreiche andere, deren Beiträge nur geringfügig unbedeutender oder weniger einflußreich waren: die bahnbrechenden Psychologen La Mettrie, Condillac und Helvétius; Jeremy Bentham, der den Utilitarismus kodifizierte; der Italiener Beccaria, Strafrechtler und Gegner der Todesstrafe; Adam Smith, der die politische Ökonomie systematisierte; die amerikanischen Verfassungsväter Jefferson, Adams und Hamilton – und andere mehr.

Wie bei Angehörigen einer sehr engen Familie üblich, waren auch sie sich, wie Gay bereitwillig einräumt, nicht immer einig. Dennoch spricht er vor allem von den entscheidenden Punkten, in denen sie im wesentlichen übereinstimmten. Ihnen allen gemeinsam war, daß sie die Ungerechtigkeiten des Ancien régime kritisierten und dessen Unzulänglichkeiten anprangerten; daß sie die Menschen durch Wissen, Erziehung und Naturwissenschaft von den Ketten der Unwissenheit und des Irrtums, des Aberglaubens, der theologischen Dogmen und der toten Hand der Geistlichkeit befreien wollten. Sie wollten eine neue Atmosphäre der Hoffnung auf eine bessere Zukunft (Gay prägte dafür den geglückten Ausdruck »Selbstvertrauen«, [42; Bd. 2, Kap. 1]); ihr Ziel war konkretes Handeln, um mehr Wohlstand, gerechtere Gesetze, gemäßigtere Regierungen, Religionsfreiheit, Gedankenfreiheit, sachverständige Verwaltung und nicht zuletzt eine größere Selbsterkenntnis des Individuums zu erreichen. Dank Gays detailliertem Gruppenporträt dieser ›Partei der Humanität‹ kann man die *philosophes* heute nicht mehr als einen Haufen intellektueller Wichtigtuer abtun [40].

Doch Gays Studie kann bei unserer Erörterung der Aufklärung nicht das letzte Wort, sie muß der Ausgangspunkt sein. Es gibt zahlreiche Probleme der Interpretation, die weitergehende Quellenstudien inzwischen aufgeworfen haben oder die durch neue Blickwinkel entstehen. Da ist zum einen das Problem des Verhältnisses zwischen Befehlshaber und Fußvolk. Gays Entscheidung, den überwiegenden Teil seines Werkes den ›großen Männern‹ der Aufklärung zu widmen, würdigt fraglos die überragende Berühmtheit – mancher würde sagen ›Berüchtigtheit‹ – von Leuten wie Voltaire und Rousseau (die von Reaktionären häufig auf eine Weise verteufelt werden, als hätten sie die Französische Revolution quasi im Handstreich allein bewerkstelligt). So konnte Gay sie zum Leben erwecken und zeigen, daß sich ihre Gedanken im Lauf der Zeit als Reaktion auf die Erfahrungen auch verändert haben – daß sie Menschen mit vielen Facetten waren und nicht nur Namen auf Buchrücken.

Neuere Forschungsarbeiten jedoch wandten sich von diesen ›Prachtgewächsen‹ ab und schenkten dem ›Saatbeet‹ der Aufklärung größere Aufmerksamkeit. Welche Art Geistesleben, welche Schriftsteller und Leser bildeten den Nährboden, auf dem solche Riesen gedeihen konnten? Dank welcher Bedingungen konnten ihre Lehren bei einem größeren Publikum Verbreitung finden? Wer führte nach ihrem Tod ihre Mission weiter? Gab es neben einer ›hohen Aufklärung‹ nicht auch eine ›niedere Aufklärung‹? Gab es neben der Eliteaufklärung nicht auch eine ›volkstümliche‹ Variante, die diese ergänzte [33; 55]? Diese Fragen werden Gegenstand des fünften Kapitels sein.

Die Entscheidung, ob wir die Aufklärung vor allem als Elitebewegung sehen, an deren Spitze eine kleine, illustre Schar stand, oder als eine Flut von Meinungen, die auf breiter Front hereinbrach, wird ohne Frage beeinflussen, wie wir ihre Wirkung einschätzen. Je kleiner die Führungstruppe, desto einfacher ist es, die Aufklärung vor allem als radikale Revolution des Geistes darzustellen, die erstarrte, jahrhundertealte Orthodoxien mit den neuen Waffen des Pantheismus, Deismus, Atheismus, Republikanismus, Demokratie, Materialismus und so weiter bekämpfte. Wir hören, wie Voltaire seine brillanten Schlachtrufe *écrasez l'infâme* und *épater les bourgeois* (schockiert die Bourgeoisie) ausstößt, und schon erzittern Kirche und Staat.

Doch es gibt auch eine andere Interpretationsweise; eine, deren Augenmerk weniger den wenigen in der ersten Reihe gilt, als mehr der großen Schar jener sich artikulierenden und kultivierten Männer und Frauen in ganz Europa, die Daniel Roche *gens de culture* nannte [81]; Gebildete im allgemeinen, die auf ihre fortschrittlichen Ansichten und ihren eleganten Lebensstil stolz waren und ein bißchen Voltaire und Co. aufgeschnappt hatten — vielleicht nur als schicke Fassade, gelegentlich aber auch als Teil eines wirklich anderen Lebens.

① religionsphilosophische Leben, in dem
Gott und Welt identisch sind.
② Nach der Schöpfung nimmt Gott keinen
Einfluß mehr auf die Welt
③ lehnt Gott ab

Eine solche Sicht würde bedeuten, die Aufklärung als einen grundlegenden Wandel *innerhalb* des Ancien régime zu sehen, und nicht vorrangig als die Tat einer Terroristenbrigade, die es zerschlagen wollte. War also die Aufklärung eine intellektuelle Avantgardebewegung? Oder gehörten in Wahrheit solche Gedanken in der besseren Gesellschaft des achtzehnten Jahrhunderts zur Tagesordnung? Und davon abgesehen: Hat die Aufklärung eigentlich die Gesellschaft verändert, die sie kritisierte? Oder hat vielmehr diese sie verändert und absorbiert? Das sind die Fragen, um die es in den Kapiteln 6 und 7 sowie in der Zusammenfassung gehen wird.

Zahlreiche weitere Fragen der Interpretation sind abhängig davon, ob wir die Aufklärung als ›militante Untergrundbewegung‹ betrachten, die in feindlichem Umfeld operiert (ironischerweise etwa so, wie Gibbon die Aktionen der frühen Christen schildert), oder als eine viel stärker verbreitete Geisteshaltung oder *mentalité*. Zum einen müssen wir fragen, welche konkreten Wirkungsmöglichkeiten die Aufklärung hatte, Veränderungen durchzusetzen. Gay betonte zu Recht, daß die *philosophes* Träumer verachteten, die den Kopf in den Wolken hatten; sie wollten, was Marxisten später ›Praxis‹ nennen sollten (auf Theorie basierendes, praktisches Handeln). Als Diderot auf Bitten Katharinas II. Rußland besuchte, erklärte er ihr nachdrücklich, ihr Land brauche vor allem Handwerker der unterschiedlichsten Sparten [28; Kap. 4, S. 36]. Voltaires moralische Parabel *Candide* (1759) endete mit den Worten des Helden, *il faut cultiver notre jardin* (wir müssen unseren Garten bebauen – mit anderen Worten, uns an die Arbeit machen).[2]

Wenn aber (wie Gay behauptete) die Schar der *philosophes* ›klein‹ war, und wenn die meisten als Literaten und nicht als Staatsmänner und Politiker ihr Geld verdienten oder zu Ruhm kamen, ist dann die Erwartung realistisch, sie

---

2 Dies ist nur die letzte Mehrdeutigkeit eines zutiefst mehrdeutigen Buches. Voltaires Satz könnte auch eine vorrangig private Interpretation haben: Wir müssen uns um unsere eigenen Angelegenheiten kümmern.

auf der historischen Bühne als Napoleons vorzufinden, deren Macht es erlaubt hätte, das Schicksal der Menschheit zu verändern? Edward Gibbon saß zwar viele Jahre als Member of Parliament im Unterhaus, hat dort aber, wie allgemein bekannt, nicht ein einziges Mal das Wort ergriffen [75].

Selbstverständlich sind die Stadien der Beeinflussung, die von einer Haltung zum Handeln führen, unvermeidbar komplex. Daher mag es unwichtig erscheinen, daß Voltaire niemals ein Amt bekleidet hat, da er (so könnten wir sagen) viele Jahre mit dem ›aufgeklärten Absolutisten‹ Friedrich II. (dem Großen) in Verbindung stand. Doch es scheint, als habe Friedrich keineswegs Voltaire zugehört, sondern von dem *philosophe* erwartet, daß dieser ihm zuhöre. Ohne Zweifel hegte Friedrich fortschrittliche Gedanken (er war offenkundig areligiös), und modernisierte die Verwaltung seines Königreichs. Doch unter dem dünnen Lack kultivierter Humanität glich Friedrichs Preußen – ein kriegslüsterner Militärstaat, der sich wenig um Individual- und Bürgerrechte scherte – viel eher einer Perversion der wahren Ziele der ›Partei der Humanität‹ als deren Realisierung [40; 41; 15].

Hier geht es nicht nur um den tatsächlichen Einfluß bestimmter Persönlichkeiten oder um die Frage von gutem Glauben und bösen Absichten (wurden naive *philosophes* von zynischen, aufgeklärten Herrschern mißbraucht?). Es geht vielmehr ebensosehr um die *Funktion* der Aufklärungsideale wie um deren *Ziele*. Die *philosophes* behaupteten, der kritische Verstand werde sich als emanzipatorisch erweisen. Durch Vernunft und Naturwissenschaften, so ihre Meinung, würden die Menschen humaner und glücklicher. Doch in jüngerer Zeit behaupten einige Wissenschaftler, genau das Gegenteil sei eingetreten. Wenn Herrscher und Vertreter der Obrigkeit sich der ›Vernunft‹ beugten, dann nur, um ihre Macht zu vergrößern und ihre Autorität auf Arten zu festigen, die oft genug die Armen, Schwachen und diejenigen, die sich nicht artikulieren konnten, trafen [38; 39]. Nach Meinung einiger *philosophes*, der (als ›Physiokraten‹ bekannten)

Ökonomen Quesnay und Mirabeau beispielsweise, fördert der freie Handel den Wohlstand. Doch als Frankreich schließlich alle Beschränkungen des Weizenhandels aufhob, profitierten davon die Händler, und die Armen litten [69]. Einige Wissenschaftler behaupten außerdem, daß auf ganz ähnliche Weise die von den *philosophes* betriebene Zerstörung der Religion zum moralischen Nihilismus des Großen Terrors der Französischen Revolution geführt habe [31; 93].

In ihrer *Dialektik der Aufklärung* vertreten Adorno und Horkheimer die Auffassung, es sei folglich kein Zufall, daß ›Vernunft‹ so häufig mit ›Absolutismus‹ einhergehe [9]. Denn Vernunft und Naturwissenschaften − weit davon entfernt, die Freiheit zu fördern −, begünstigten eine absolutistische Geisteshaltung, da sie von einem ›absoluten‹ Unterschied zwischen wahr und unwahr, richtig und falsch ausgehe, statt von einem Pluralismus der Werte. So gelangte auch Michel Foucault zu der Auffassung, aufklärerische Gedanken und absolutistische Politik hätten im Namen einer rationalen Verwaltung zu grausamen sozialen Praktiken geführt. Beispielsweise wurden gesellschaftliche Außenseiter verschiedener Art − Alte, Kranke, Bettler, Kleinkriminelle und Geisteskranke − von den Straßen aufgesammelt, als ›unvernünftiger‹ Bodensatz der Gesellschaft in einen Topf geworfen und in Anstalten gesperrt. Was hier vorgab, ›aufgeklärt‹ zu sein, war also in Wirklichkeit repressiv [38]. Es reicht folglich nicht, aufgeklärte Denker dafür zu loben, daß sie sich an der Lösung sozialer Probleme versuchten; wir müssen auch die praktischen Folgen ihrer politischen Forderungen bedenken. Es war eine Sache, das Betteln und die erniedrigenden Auswirkungen einer Abhängigkeit von Almosen zu beklagen; eine andere aber, praktikable Lösungen für Probleme zu finden, deren Folge die Armut war. Kapitel 3 und 4 sind der Versuch, die politischen und religiösen Willenserklärungen der Aufklärung zu bewerten.

Wie bekannt, vertrat Jean-Jacques Rousseau schon vor langer Zeit die Auffassung, das, was andere *philosophes* im Namen von Vernunft, Zivilisation und Fortschritt empfahlen, mache die Menschheit in Wirklichkeit weniger frei, weniger tugendhaft und weniger glücklich [45]. Rousseau bekämpfte Voltaires Unglauben und d'Holbachs Materialismus, die er gleichermaßen erniedrigend fand. Dennoch wird Rousseau stets zu den führenden Gestalten der Aufklärung gerechnet und das zu Recht, denn er haßte wie kein Zweiter die Greuel des Ancien régime. Läßt dergleichen nicht befürchten, das Etikett ›Aufklärung‹ könne mehr verwirren als erklären, wenn unter ihrer Flagge eine derart buntgemischte Armee von Reformern marschieren konnte?

Dies ist tatsächlich ein Problem, doch es ist nicht der Aufklärung allein vorbehalten. Ohne solche Etiketten wären Generalisierungen nicht möglich. Manchmal können wir in der Praxis auf anachronistische Bezeichnungen nicht verzichten – Bezeichnungen also, die sich die Zeitgenossen nicht selbst gegeben haben: Begriffe wie Reformer, Radikale, Reaktionäre und so weiter. Und die führenden Männer dessen, was wir ›Aufklärung‹ nennen, sahen sich selbst immerhin als die, die den Unwissenden Licht und Klarheit brachten.

Doch mit der Bewegung, die wir ›Aufklärung‹ nennen, gibt es eine besondere Schwierigkeit. Im Unterschied zu anderen Kräften der Geschichte – politischen Parteien oder religiösen Sekten – hatte sie weder eine formale Verfassung noch ein Glaubensbekenntnis, sie hatte kein Programm und keine Parteiorganisation, und sie war auch keinen expliziten ›-ologien‹ oder ›-ismen‹ verpflichtet. Die ›Dissenters‹ vertraten einen anderen Glauben als die Church of England, die englischen ›Chartisten‹ beriefen sich auf die People's Charter. Aber es gab keine offizielle Charta der Aufklärung, kein Parteiprogramm der ›Partei der Humanität‹. Und so ist die Aufklärung zwangsläufig amorph und vielgestaltig.

Dies einzuräumen bedeutet allerdings nicht, daß es besser wäre, überhaupt nicht mehr von ›Aufklärung‹ zu sprechen. Vielmehr sollten wir uns dieser Vielfalt stellen. Während also, wie schon erwähnt, Peter Gay meint, es habe »nur eine Aufklärung« gegeben, konnte Henry May in Nordamerika überzeugend vier deutlich verschiedene Typen von Aufklärung nachweisen [68]. Wir können Mays Hinweis aufgreifen, aus der Not eine Tugend machen und die Auffassung vertreten, eine solche Pluralität, ein solcher Mangel an starren Glaubensbekenntnissen könnte durchaus zu den einzigartigen und wertvollen Merkmalen zählen, die für den geistigen Radikalismus des achtzehnten Jahrhunderts typisch sind: Vielleicht war dies seine besondere Stärke – möglicherweise auch seine fatale Schwäche, wenn man sie mit einer gut gedrillten Gemeinschaft wie den Jesuiten vergleicht.

Die Aufklärung legte zwar großen Wert auf das ›Kosmopolitische‹, doch dies darf nicht verdecken, daß die Aufklärung in Ausprägung, Gewichtung und Orientierung von Gegend zu Gegend und von Königreich zu Königreich variierte: Dieser Aspekt wird im achten Kapitel näher betrachtet werden [88]. Und diese immense Vielfältigkeit der Aufklärung müssen wir bedenken, wenn wir im letzten Kapitel beurteilen, welche Auswirkungen und welche Bedeutung das *siècle des lumières* tatsächlich hatte. Sollten wir zu dem Schluß kommen, daß die Aufklärung, unabhängig davon, was Freunde und Gegner behaupten, nicht dafür verantwortlich war, daß es zur Französischen Revolution kam: Wäre dies ein ebenso eindeutiges Verdikt wie die Feststellung, daß die Kommunistische Partei es in diesem oder jenem Land nicht vermocht hat, eine kommunistische Revolution auszulösen? Vielleicht hatte die Aufklärung nie solch genau definierte Ziele.

Wenn wir also am Ende zu beurteilen versuchen, was die Aufklärung erreicht hat, sollten wir nicht erwarten, daß ein bestimmter Kreis von Männern bestimmte Maßnahmen in die Wege geleitet hat, die letztlich auf ›Fortschritt‹ hinausliefen. Wir sollten vielmehr herausfinden, ob sich Denkgewohnheiten, Gefühlsmuster und Verhaltensweisen gewandelt haben – wenn nicht bei den Massen, so doch wenigstens bei vielen. Da diese Bewegung den Menschen die Augen öffnen, ihr Denken verändern und sie zum Denken ermutigen wollte, sollten wir kein einheitliches Resultat erwarten.

Vielleicht wäre es sogar sinnvoll, die Aufklärung als genau jenen Augenblick in der europäischen Geschichte zu sehen, als die weltliche Intelligenz, von wachsender Alphabetisierung, zunehmendem Wohlstand und der Verbreitung des Buchdrucks profitierend, sich zu einer relativ unabhängigen gesellschaftlichen Kraft entwickelte. Die Gebildeten waren nicht mehr in erster Linie Diener der Krone oder Sprachrohr der Kirche. Selbst wenn Jonathan Swift, der berühmte Schriftsteller des achtzehnten Jahrhunderts, dies glauben machen wollte: Die Feder war wohl nicht mächtiger als das Schwert. Die Worte der Aufkärung erwiesen sich gleichwohl als gefährliche Waffen. Die den Federkiel zu ihrer Waffe machten, waren nicht servile Sprecher absolutistischer Herrscher, sondern Freibeuter, jene intellektuellen Banditen, die seither die intellektuelle Anarchie der ›freien Gesellschaft‹ garantieren. Diese Zusammenhänge werden wir im abschließenden Kapitel des Buches genauer betrachten. Zunächst jedoch müssen wir im nächsten Kapitel die Revolution des Geistes untersuchen, die die *philosophes* anzetteln wollten.

DAS ZIEL:
EINE WISSENSCHAFT VOM MENSCHEN

Im Mittelpunkt der Bestrebungen der Aufklärer stand die Suche nach einer wahren ›Wissenschaft vom Menschen‹. Unterschiedliche Gelehrte waren unterschiedlicher Auffassung, was dies bedeuten könnte. La Mettrie und andere ›Materialisten‹ (die eine unabhängige Existenz von ›Denken‹, ›Geist‹ oder ‹Seele‹ bestritten) hofften auf die Entwicklung einer medizinisch- naturwissenschaftlichen Physiologie vom Menschen als Präzisionsmaschine oder vielleicht auch nur als erfolgreichster Primat [95]. Einige, Helvétius zum Beispiel, meinten, man müsse vor allem den Mechanismus der menschlichen Denkprozesse erforschen [46; 91]. Andere, so der Italiener Vico, glaubten die Menschheit am ehesten verstehen zu können, indem sie deren Entwicklungsschritte und -stufen aus dem Naturzustand oder einer primitiveren Existenzweise nachvollzogen – die sich einige als das Goldene Zeitalter vorstellten, und die anderen als eine Zeit bestialischer Barbarei erschien [83]. Wieder andere meinten, der Schlüssel zur Wissenschaft vom Menschen liege in der Analyse der politischen und wirtschaftlichen Gesetze, die den Austausch zwischen Individuum und Gesellschaft regelten.

Doch wie verschieden auch die Schwerpunkte waren, es herrschte Einigkeit darüber, daß, wie Alexander Pope es formulierte, »das wahre Studienobjekt des Menschen der Mensch« sei. Viele hatten großes Verständnis für den Wunsch des schottischen Philosophen David Hume, zum ›Newton der Moralphilosophie‹ (oder, wie wir heute sagen würden, der Human- oder Gesellschaftswissenschaften) zu werden [22]. Wenn wir verstehen, warum diese Suche nach einer Wissenschaft vom Menschen faszinierend, aber auch zwiespältig war, dringen wir ins Zentrum des geistigen Abenteuers der Aufklärung vor.

Seit der Veröffentlichung von Jakob Burckhardts Klassiker *Kultur der Renaissance in Italien* [23] um die Mitte des neunzehnten Jahrhunderts ist immer wieder behauptet worden, es sei die große Tat des frühmodernen Italiens gewesen, den ›Menschen‹ (im Gegensatz zum christlichen Pilger) entdeckt und vor allem die Vorstellung von menschlicher ›Individualität‹ ausgebildet zu haben. Darin liegt sicher viel Wahres, und in den Händen eines kühnen Geistes wie Montaigne im Frankreich des sechzehnten Jahrhunderts, der die skeptische Frage: *Que sais-je?* (Was weiß ich?) stellte, konnte der Humanismus der Renaissance durchaus zu tiefgehenden Betrachtungen über das Los des Menschen führen. Shakespeare läßt Hamlet nachsinnen: »Welch ein Meisterwerk ist der Mensch!« [42, Bd. 1, Kap. 5].

Doch der ›Mensch‹, den die Renaissance entdeckte, war in der Regel eine etwas konventionelle Gestalt. Er war noch immer das Wesen, das (vor dem Sündenfall) ein christlicher Gott nach seinem Ebenbild vollständig und perfekt erschaffen hatte – in diesem Sinne war die humanistische Philosophie der Renaissance ebenso christlich wie der Glaube Luthers oder des Konzils von Trient. Der Renaissancemensch, von Künstlern prahlerisch als gut proportionierter, schöner Akt oder perfekt geometrischer ›Vitruvscher Mensch‹ dargestellt, konnte noch immer als mikrokosmische Analogie des Makrokosmos im Großen gesehen werden (die kleine Welt des Menschen als Sinnbild der großen Welt des Universums). Praktisch alle Denker des sechzehnten Jahrhunderts – Kopernikus ausgenommen – glaubten noch an den ›homozentrischen‹ (menschenzentrierten) und ›geozentrischen‹ (erdzentrierten) Kosmos, wie ihn sich ursprünglich die griechische Wissenschaft der Antike vorgestellt hatte, und in dem der Mensch das Maß eines gottgeschaffenen Universums war. Die meisten Renaissancegelehrten verfolgten die Menschheitsgeschichte über einen kontinuierlichen Stammbaum auf Noah und schließlich Adam, den ersten Menschen, zurück. Der Mensch behielt also seinen von Gott bestimmten Platz in Zeit und Raum.

Diese neue Verehrung der Renaissance für alles Griechische und Römische störte zwar bibeltreue Kirchenmänner, die lehrten, Christus habe sterben müssen, um die Menschheit von den Sünden und Wirrungen des Heidentums zu erretten. Die allgemeine Wirkung der ›Antikomanie‹ (Altertumsliebe) des Renaissance-Humanismus aber war, eine beruhigend harmonische Sicht von Wesen und Schicksal des Menschen zu festigen. Moralisten meinten, klassische Dichter, Philosophen, Moralisten, Historiker und Staatsmänner – allen voran Seneca, Cicero und Livius – böten Vorbilder tugendhaften Handelns, denen der wahrhaft zivilisierte Mensch folgen könne, und zwar in Einklang mit dem christlichen Streben nach Vergeistigung und Erlösung.

In der Renaissance sollte der Mensch also zwei verschiedene, allerdings miteinander vereinbare Ziele anstreben. Die klassische Bildung wurde wiederbelebt, ein auf das Diesseits gerichtetes Modell des gesellschaftlichen und politischen Lebens wieder installiert. Die edlen Gedanken der Antike wurden mit den geläuterten Wahrheiten des Christentums verknüpft, die in der Heiligen Schrift niedergelegt und von der Kirche gebilligt waren. Diese beiden Ziele, die den guten Menschen und den guten Christen verbanden, trafen mehr als ein Jahrhundert lang auf breite Zustimmung.

Ganz langsam aber trennten sich ihre Wege. Die grausamen religiösen und dynastischen Auseinandersetzungen, die Europa von der Reformation bis zum Ende des Dreißigjährigen Krieges zugrunde richteten, weckten unweigerlich Zweifel an der optimistischen Annahme der Renaissance, der Mensch sei als edles Wesen dazu bestimmt, sich durch den Einsatz für das Gemeinwohl zu erfüllen: Machiavellis zynische und pessimistische Sicht vom Menschen machte sich schließlich bemerkbar. Zum anderen entstand, wie Peter Burke zu Recht betont hat, durch Fortschritte in der Geschichtsforschung ein neues Gefühl für die Vergangenheit, durch das schließlich die offenkundige Trennlinie zwischen der ›alten Welt‹ der griechisch-römischen Antike und der ›neuen Welt‹ der Staatskunst und der Diplomatie, der

Gewehre und Druckerpressen auf das eindringlichste sichtbar wurde [24]. Überdies entdeckte man wirklich ›neue Welten‹, vor allem Amerika, das die Antike nicht gekannt hatte und das Szenen eines exotischen, heidnischen und wilden Lebens bot, durch die die behaglichen Annahmen der Renaissancegelehrten fraglich wurden, Florenz sei das moderne Athen und das Heilige Römische Reich Nachfolger Roms.

Hinzu kam, daß sich das siebzehnte Jahrhundert als intellektuell viel zersetzender erwies als das sechzehnte. Die brillanten ›neuen Wissenschaften‹ Astronomie, Kosmologie und Physik, von Kepler, Galileo, Descartes und deren Nachfolgern begründet, zerstörten die alten Harmonien eines anthropozentrischen (Mensch-zentrierten) Universums, jener kleinen, abgeschlossenen, auf den Menschen konzentrierten Welt, von der sowohl die griechische Wissenschaft als auch die Bibel ausgegangen waren. Die kopernikanische Astronomie, die im siebzehnten Jahrhundert dank einer Aufeinanderfolge von Genies von Kepler bis Newton entstanden war, verrückte die Erde, und mit ihr den Menschen, bis sie nicht mehr das Zentrum des Universums war. Zum Schluß war sie ein kleiner, unbedeutender Planet, der keinen außergewöhnlichen Platz in diesem einschüchternd endlosen Universum hatte (das man nun durch die gerade erfundenen Teleskope sehen konnte), dessen Unendlichkeit Pascal mit Schrecken erfüllte [48].

Die neue ›mechanische Philosophie‹ wurde von ›atomistischen‹ Naturwissenschaftlern vertreten. Nach deren Auffassung war Natur nichts anderes als Teilchen von Materie, beherrscht von allgemeinen Gesetzen, deren Wirken mathematisch darstellbar wäre. Diese mechanische Philosophie war natürlich ein ungeheurer Erfolg von Forschung und Theoriebildung, doch dadurch wurde das, was man immer liebevoll als ›lebendige Natur‹ gesehen hatte, unpersönlich und tot. Der französische Philosoph und Naturwissenschaftler René Descartes vertrat überdies die Meinung, alle Lebewesen, mit Ausnahme des Menschen, seien lediglich Maschinen oder Automaten, die nicht einmal über Bewußtsein verfügten. Unweigerlich tat sich die Möglichkeit auf, daß auch der Mensch nichts als eine weitere Maschine sein könnte, wenn auch eine, die anfällig war für Eitelkeit und Selbsttäuschung [55; 56].

Zu Beginn des siebzehnten Jahrhunderts erklärte der metaphysische Dichter John Donne: »Und eine neue Philosophie zweifelt alles an.« Es wäre ganz falsch zu glauben, daß angesichts der Entdeckungen der ›neuen Naturwissenschaft‹ alle Denker zweifelten und verzagten. Doch angesichts dieses radikalen Wandels in den Theorien über die Natur meinten viele, man müsse auch die bisherigen Vorstellungen von Geschichte, Natur und Schicksal des Menschen überprüfen.

In der zweiten Hälfte des siebzehnten Jahrhunderts wurde ein weiterer, beunruhigender Aspekt immer deutlicher. Schon seit der Reformation und der Gegenformation tobte zwischen protestantischen und katholischen Bibelforschern und Theologen ein erbitterter Krieg über die Grundwahrheiten des Glaubens. Im Mittelpunkt dieser Kämpfe standen konkurrierende Auffassungen davon, wer, wo und was genau die wahre Kirche sei; woher sie ihre Autorität habe, ob jede Silbe der Heiligen Schrift göttlich inspiriert und buchstäblich wahr sei, und so weiter.

Nach Auffassung einiger Freigeister und nachdenklicher Gemüter untergruben solche Streitereien, häufig scharf und unerbaulich ausgetragen, unweigerlich die moralische Autorität der Kirchen. Schlimmer noch, sie nötigte klugen und redlichen Forschern eine Beschäftigung mit jenen schwerwiegenden Fragen nach Herkunft und Bestimmung des Menschen auf, die ein genaues Bibelstudium zwingend aufwarf, aber (wie es schien) nicht ohne weiteres beantwortete. War es möglich, daß die Welt, wie die Bibel behauptete, tatsächlich erst 6000 Jahre alt war? War Adam wirklich der erste Mensch? Hatte sich im Garten Eden wirklich eine Schlange mit Adam und Eva unterhalten? Konnte ein Gütiger und Barmherziger Gott bei der Sintflut wirklich außer Noahs Familie die ganze Menschheit ausgerottet haben? Woher kamen eigentlich die Wasser dieser Sintflut? Und wohin sind sie geflossen? War die Flut ein Wunder? Oder ließ sie sich – wie vielleicht viele andere biblische ›Wunder‹ – als ›Folge‹ der normalen Naturgesetze erklären, die die modernen Naturwissenschaften nun, zumindest teilweise, begriffen? Hatte bei Jerichos Belagerung die Sonne für Josua buchstäblich stillgestanden? – und so weiter. Solche Zweifel förderten Hunderte von Fragen – historische, moralische, wissenschaftliche und theologische – zutage und bedeuteten für die Christen drängende Probleme zu Fakten und Glauben, die gelöst werden mußten. Die unangefochtene Autorität der Offenbarungsreligion schwand dahin. Es mußten bessere Wege zu wahrem Wissen gesucht werden.

Das *Dictionnaire* (1697) des unorthodoxen Hugenotten Pierre Bayle, der in Holland Schutz vor Ludwig XIV. suchte, legte großes Gewicht auf solche Zweifel und Dilemmas. Bayle beschrieb auch die kindische Absurdität heidnischer Anbetung auf eine Weise, die als verschleierter Angriff auf das Christentum gedeutet werden konnte. Wissenschaftler sind sich uneinig, ob Bayle im Grunde seines Herzens ›Fideist‹ war, d. h. ein Gläubiger, für den sich die Pflicht des Christen darin erschöpfte, zur Überwindung rationaler Zweifel der kirchlichen Doktrin in der Frage des Glaubens zu folgen; oder ob er vielmehr ein Ungläubiger war, dem es Freude bereitete, Zweifel und Verwirrung zu säen. Er verstand es jedenfalls sehr geschickt, seine Spuren zu verwischen [48; 49; 55; 83].

Seit dem ausgehenden siebzehnten Jahrhundert kamen viele führende Denker Europas zu der Auffassung, zum Verständnis der wahren Geschichte und Bestimmung der Menschheit genügten weder bedingungsloser Glaube an die Bibel noch automatisches Vertrauen auf die Autorität der Griechen und Römer (der ›Alten‹). Die Natur des Menschen sei nicht ausreichend bekannt; sie müsse zum Forschungsgegenstand werden. Und der richtige Motor für diese Erforschung sei jene ›naturwissenschaftliche Methode‹, die Naturforscher (die ›Modernen‹) in den Bereichen Astronomie,

Physik und Biologie bereits so erfolgreich beschritten hatten [42, Bd. 2, Kap. 3].

Systematischer Zweifel (wie Descartes ihn forderte), Experimente, ein Verlassen auf Erfahrung aus erster Hand statt auf eine Autorität aus zweiter und Vertrauen, auf die flegelhafte Ordnung der Natur – diese Verfahren würden die Gesetze menschlicher Existenz als Vernunftwesen in der Gesellschaft ebenso enthüllen, wie sie ja schon gezeigt hatten, daß die Schwerkraft die Bewegungen der Planeten im Sonnensystem beherrschte. An diese Art von Analogie zur Naturforschung dachte Hume, als er davon sprach, er wolle der ›Newton der Moralphilosophie‹ werden [19; 22]. Für die neuen ›Gesellschaftswissenschaftler‹ der Aufklärung wurden nun die alten, von Christentum und heidnischer Antike vertretenen ›Wahrheiten‹ zu Problemen; und zumindest hierin hatten die ›Modernen‹ die ›Alten‹ in dem häufig als ›Schlacht der Bücher‹ bezeichneten Wettstreit geschlagen (die Diskussion darüber, ob moderne Denker die Griechen wirklich übertrafen) [56].

Enthusiastische Aufklärer fühlten sich von Francis Bacons Überzeugung beflügelt, naturwissenschaftliche Methoden würden eine ›Vermehrung des Wissens‹ begründen, dieses neuerworbene Wissen würde zu Macht führen und dies wiederum, so Bacons Worte, zum ›Bewirken aller vorstellbaren Dinge‹. Wie Voltaire in seinen *Lettres philosophiques* (1733) betonte, hätten Newtons Leistungen wahrlich bewiesen, daß die Naturwissenschaft der Schlüssel zum menschlichen Fortschritt sei. Oder, wie es Alexander Pope in diesem Couplet ausdrückt:

Natur und Naturgesetze waren verborgen der Sicht.
Da sprach Gott, ›Es werde Newton‹, und alles ward Licht.

Wenn die römisch-katholische Kirche das kopernikanische Weltbild Ketzerei nannte und Galileo verfolgte, so bewies dies nur, daß Wahrheiten immer Feinde hatten. Doch die Wahrheit war groß, und sie würde siegen.

28

Der französische Historiker Paul Hazard nannte diese Zeit des Gärens und der Verwirrung am Ende des siebzehnten Jahrhunderts die ›Krise‹ des europäischen Geistes [48; 49; vgl. 58]. Aufgeklärte Denker meinten, eine solche ›Krise‹ sei zu überwinden, indem man den Entwurf zum naturwissenschaftlichen Verständnis des Menschen in die Tat umsetze. Ein beliebter Versuch in dieser Richtung war die Konstruktion einer ›Naturgeschichte des Menschen‹, die die herkömmliche ›heilige Geschichte‹ des Alten Testamentes ersetzen sollte. Viele *philosophes* versuchten, empirisch, systematisch oder mit viel Phantasie eine solche historische oder anthropologische Sicht zu entwickeln. Dazu verfolgten sie die Entwicklung des Europäers aus der ›Barbarei‹, die angeblich an seinen ersten Anfängen gestanden hatte und die sich angeblich aus den ›primitiven‹ Lebensumständen von Stämmen schließen ließ, die Forscher zunehmend im dunkelsten Afrika, in Amerika und schließlich auch in Australien entdeckten.

Um wissenschaftlich zu testen, ob diese primitiven Völker die Fähigkeit zur Weiterentwicklung besaßen, wurden hin und wieder Eingeborene nach Paris oder London verfrachtet und dort dem Laboratorium der gebildeten Gesellschaft ausgesetzt. Kapitän Cook brachte vom gerade entdeckten Tahiti den Polynesier Omai mit. Ähnliche Experimente wurden mit *enfants sauvages* durchgeführt, Wolfskindern, die man wild lebend in den Wäldern Europas gefunden hatte. Der Glaube der Aufklärung an den zukünftigen ›Fortschritt‹, an die ›Vervollkommnung‹ des Menschen im Diesseits, von Herder und Condorcet ebenso propagiert wie von einigen schottischen Philosophen, so zum Beispiel Ferguson und Millar, hing völlig von der Annahme ab, daß ein beträchtlicher Teil der Menschheit bereits von der ›Barbarei‹ zur ›Zivilisation‹ aufgestiegen sei oder, wie die Schotten es nannten, von ›Roheit‹ zu ›Finesse‹ [22; 12; 53].

Solche Annahmen über das menschliche Vermögen zur Weiterentwicklung wären selbstverständlich undenkbar gewesen ohne den Glauben an die außergewöhnliche Anpassungsfähigkeit menschlicher Anlagen und ohne ein umfassendes Vertrauen in das Vermögen der Spezies, zu lernen, sich zu verändern und verbessern. Die fundamentalistische christliche Theologie, die katholische wie die protestantische, sah den Menschen traditionell durch die ›Erbsünde‹ des Sündenfalls als unwiderruflich befleckt: Ohne Glauben oder die Sakramente der Kirche war alles, was der Mensch tat, zwingend von Übel. Auch die philosophischen Pessimisten der klassischen Antike sahen den Menschen in ständigem, unausweichlichem Bürgerkrieg mit sich selbst, da aufständische Gelüste und Leidenschaften nur allzu leicht seine edlere Gabe der Vernunft überwältigten. Daher, so die Stoiker, sei der beste Zustand, auf den ein Mensch hoffen könne, eine gewisse Distanz zu seinem niederen Selbst [99].

Die neuen Aufklärungsgedanken vom Menschen hingegen wiesen die Vorstellung einer angeborenen ›Sündhaftigkeit‹ als unwissenschaftlich und unbegründet zurück und vertraten statt dessen die Meinung, heftige Gefühle wie Liebe, Begehren, Stolz und Ehrgeiz seien nicht zwingend böse oder zerstörerisch; in die richtigen Kanäle geleitet, könnten sie zur menschlichen Fortentwicklung beitragen [31]. ›Private Laster‹ (wie Eitelkeit oder Habsucht) könnten sich, so Bernard Mandevilles paradoxe Formulierung, als ›öffentliche Tugenden‹ erweisen (indem sie beispielsweise den Konsum ankurbelten und damit die Wirtschaft förderten). Viele Denker der Aufklärung, zum Beispiel Helvétius in Frankreich und auch der bahnbrechende ›Utilitarist‹ Bentham in England, entwickelten eine psychologische Sicht. Sie verwarfen die alte moralisierende Auffassung vom Menschen als rationalem, von unzivilisierten Gelüsten bedrohten Wesen und sahen ihn als ein Geschöpf, das von Natur aus sensibel darauf eingestellt ist, Lust zu suchen und Schmerz zu meiden. Das wahre Ziel aufklärerischer Gesellschaftspolitik müsse daher die Förderung der aufgeklärten Selbstsucht sein, um so das ›größte Glück der größten Zahl [von Menschen]‹ zu erreichen [46; 67; 91].

Traditionelle Kleriker hätten eine solche Befürwortung des ›Lustprinzips‹ als sündigen, unzivilisierten Hedonismus verurteilt. Doch eine neue Generation von ›Politökonomen‹, allen voran der Schotte Adam Smith in seinem *Wealth of Nations* (1776; dt: *Untersuchung über die Natur und die Ursachen des Nationalreichthums,* 1794–96) meinten, eigensüchtiges Verhalten individueller Produzenten und Konsumenten könne, falls es in Übereinstimmung mit den Wettbewerbsgesetzen des Marktes verfolgt werde, zum Wohl der Allgemeinheit führen – was nicht zuletzt am Eingreifen der ›unsichtbaren Hand‹ der Vorsehung liege [22; 27; 46; 53]. Gleichermaßen argumentierten Rechtsreformer wie der Italiener Beccaria. Eine wirklich wissenschaftliche Jurisprudenz müsse von einer Psychologie rationaler Selbstsucht ausgehen; die Schmerzen der Strafen müßten genau berechnet sein, um die Lust am Verbrechen abzuschrecken [97].

Wollte die Menschheit fortschrittlich sein, mußte die Spezies fähig sein, sich zu verändern, vor allem dazu, sich neuen Umgebungen anzupassen. Es erstaunt daher nicht, daß sich aufgeklärte Psychologen mit Lernprozessen befaßten und große Hoffnungen in die Erziehung setzten. Die Geschichte des Menschengeschlechtes, so meinten viele Denker und folgten darin Lockes grundlegendem *Essay Concerning Human Understanding* (1690; dt: *Versuch vom menschlichen Verstand,* 1757) sowie seinem *Some Thoughts Concerning Education* (1693), war mit der Erziehung des einzelnen Kindes vergleichbar [108]. Anhänger von Locke meinten, Kirchenmänner hätten zu Unrecht behauptet, der Mensch sei sündig geboren, und auch Plato habe in dem Glauben geirrt, der Mensch besitze ›angeborene Ideen‹ (von wahr und falsch, zum Beispiel). Das menschliche Denken beginne vielmehr als *tabula rasa,* als unbeschriebene Tafel oder ›leeres Blatt Papier‹. Dann nehme es ständig über die Sinne (Augen, Ohren, usw.) Daten auf, speichere sie und gestalte sie zu ›Ideen‹, aus denen dann unser empirisches Wissen von der Welt und unsere moralischen Werte würden. Die Natur des Menschen, seine Fähigkeiten und sein Wissen seien daher ganz und gar das Ergebnis des Lernens aus Erfahrung, durch einen Prozeß, der häufig als ›Ideenverbindung‹ bezeichnet wird (der Aufbau komplexer Ideen aus einfachen Bausteinen). Der Mensch also als das Kind seiner Umgebung; doch umgekehrt erwerbe er auch die Fähigkeit, ebendiese Umgebungen zu verändern [86].

Im ständigen dialektischen Austausch mit seinen Mitmenschen und der Umgebung entwickele sich der Mensch auf diese Weise ständig weiter, um den Anforderungen einer Welt gerecht zu werden, die er fortwährend verändere. Anhänger von Locke wie Condillac und Helvétius folgerten daraus, der Mensch sei sein eigener Schöpfer, sein Potential zur Selbstentwicklung kenne keine ein für allemal definierten Grenzen. Gegen Ende des achtzehnten Jahrhunderts schrieb Condorcet sein *Esquisse d'un tableau historique de l'esprit humain* (1794; dt: *Entwurf eines historischen Gemäldes der Fortschritte des menschlichen Geistes*, 1796). Darin legte er alle Entwicklungsstufen des menschlichen Geistes dar – frühere, gegenwärtige und zu erwartende –, und seine Sprache wurde um so enthusiastischer, je näher er der Zukunft kam. Condorcet (der während der Französischen Revolution starb) behauptete kühn, der Mensch werde dank seiner Fähigkeit zur ›Vervollkommnung‹ schon bald Mangel, Schwäche, Krankheit und sogar den Tod überwinden [12; 29, Kap. 6]. Sowohl der französische Naturforscher Lamarck wie auch sein englischer Zeitgenosse, der Arzt und Naturwissenschaftler Erasmus Darwin – Charles Darwins Großvater – begründeten frühe biologische Evolutionstheorien, die, jede auf ihre eigene Art von ebendieser Fähigkeit der Wesen ausgingen, zu lernen, sich zu verändern, sich anzupassen und das erworbene Wissen an ihre Nachkommen weiterzureichen [63].

Auf der Schwelle zum einundzwanzigsten Jahrhundert glaubt die abendländische Zivilisation noch immer an diese weltliche, von der Aufklärung entwickelte Auffassung vom unbegrenzten Drang des Menschen nach Wirtschaftswachstum, naturwissenschaftlicher Neuerung und humanem Fortschritt – oder, wie einige sagen würden, sie ist noch immer darin gefangen. Die heutigen Sozialwissenschaften – Soziologie, Volkswirtschaft, Psychologie, Anthropologie – entstanden alle aus Samen, die in der Aufklärung gelegt wurden [11]. Regierende berufen sich noch immer auf die Lehren eines Adam Smith, um ihr Vertrauen in die Kräfte des Marktes und das Gewinnstreben als Garantie für das Gemeinwohl zu rechtfertigen.

Dies im Auge behaltend, müssen wir darüber nachdenken, wie zwiespältig die Wissenschaft vom Menschen war, als sie im achtzehnten Jahrhundert begründet wurde, und nicht über ihr vielschichtiges Erbe. Die *philosophes* behaupteten, sie hätten überholte religiöse ›Mythen‹ vom Menschen und dessen Platz in der Natur unter Gott gesprengt und sie durch wissenschaftliche Wahrheiten ersetzt, die auf objektiven Tatsachen basieren. Viele Historiker, auch Gay, lobten sie folglich, mit dem ›mythenschaffenden‹ Denken gebrochen zu haben und den Schritt ›vom Mythos zur Vernunft‹ getan zu haben [42, Bd. 1, Kap. 2].

Aber vielleicht ist es richtiger zu sagen, daß die *philosophes* einen christlichen durch einen wissenschaftlichen Mythos ersetzten – einen, der besser zum Zeitalter der Technik und der Industrialisierung paßte. Im Grunde, so hat man festgestellt, sind sich diese beiden Mythen bemerkenswert ähnlich. Carl Becker zeigte in einem Buch mit dem humorvollen Titel *Heavenly City of the Eighteenth Century Philosophers* [Die Himmlische Stadt der Philosophen des achtzehnten Jahrhunderts], daß die Vorstellung vom Naturzustand, wie sie die spekulative Geschichtsschreibung der *philosophes* entwirft, eine bemerkenswerte Ähnlichkeit mit dem Garten Eden und dem Sündenfall der christlichen Theologie hat. Und auch den Aufklärungsgedanken von unbegrenztem künftigem Fortschritt kann man als Säkularisation der Doktrin vom Jenseits sehen. Die Vorstellungen vom edlen Wilden und dem Fortschritt sind alles andere als unumstößliche ›Tatsachen‹, sie sind ebenso spekulativ, symbolisch und von vorgefaßten Ansichten – man könnte sogar behaupten: von Glauben – abhängig wie die christlichen Lehren, an deren Stelle sie traten [14; 99].

Zu behaupten, die Aufklärung habe an die Stelle alter Mythen nicht Wissenschaft, sondern neue Mythen gesetzt, bedeutet nicht, sie zu entlarven. Aber es bedeutet, daß wir die Behauptungen der Aufklärung nicht als bare Münze nehmen dürfen, sondern daß wir sie als überaus wirksame Propaganda sehen müssen. Nehmen wir als Beispiel die Entwicklung der Volkswirtschaft. In seinem *Wealth of Nations* (1776) kritisierte Adam Smith Regierungen dafür, aufgrund des fiskalischen Ziels Überlegungen (so behauptete er), die Staatseinkünfte zu steigern, eine traditionelle, ›merkantilistische‹ und ›protektionistische‹ Politik zu verfolgen, die den Handel lähme. Smith bestritt des weiteren die verbreitete Auffassung, der Krieg sei der Weg zum Wohlstand, in den sogenannten ›wohlerworbenen Anrechten‹, d. h. Standesprivilegien, sah er eine Stützung der Monopole zu Lasten des Gemeinwohls und meinte, auf lange Sicht werde sich zeigen, daß wohlverstandene Mechanismen des Marktes allen nutzen würden. Angesichts solcher Behauptungen wird verständlich, warum Gay zu dem Schluß kommt, die Smithsche *laissez-faire*-Volkswirtschaft sei ›menschlicher‹ und ›wissenschaftlicher‹ als die von ihr kritisierten Systeme [42, Bd. 1].

Dabei darf man aber keinesfalls vergessen, daß die Smithsche (oder ›klassische‹) Volkswirtschaft in einem Zeitalter der Industrialisierung eine Rechtfertigung für den Kapitalismus bot, nicht zuletzt, indem er die Arbeitsteilung (beschönigend ›freie Lohnarbeit‹ genannt) befürwortete. Smith selbst war ehrlich genug einzuräumen, daß die extreme Arbeitsteilung, die für die moderne Produktion nötig war – die er im wesentlichen am Beispiel der Strecknadelmanufaktur verdeutlichte – den Arbeiter zum ›Handlanger‹ mache, zu einer geistig verkümmerten, sklavengleichen Maschine. Aber er war nicht ›human‹ genug, ein Heilmittel vorzuschlagen. Die Theorie der klassischen Volkswirtschaft mit ihren Gesetzen von Gewinn und Verlust sowie dem

›eisernen Gesetz der Löhne‹ schloß solche ›Einmischungen‹ in die Mechanismen des Marktes aus (jede Einmischung in den Wettbewerb, behaupteten ihre Vertreter, fördere lediglich Unfähigkeit). *Laissez-faire*-Volkswirtschaft stützte folglich ein *inhumanes* System, und dies im Namen des ›Naturgesetzes‹ der Kräfte des Marktes – Gesetze, von denen der Politiker Edmund Burke behauptete, sie seien heilig, da sie ›Gesetze Gottes‹ seien.

Die neuen, von den *philosophes* entwickelten Sozialwissenschaften standen den christlichen Vorstellungen einer Regierung von Gottes Gnaden sowie feudaler Hierarchie und Unterordnung überaus kritisch gegenüber. Doch sie formulierten (mit wenigen Ausnahmen wie Rousseau [28; 44; 74]) keine ähnlich scharfe Kritik an der Handelsgesellschaft, für die Privateigentum und individuelle Interessen unantastbar waren. Die neue Aufklärungshymne an den ›Fortschritt‹ stellte sich auf vielerlei Art taub für die neuen eklatanten Ungleichheiten und Unterdrückungen der neuen wirtschaftlichen und industriellen Ordnung (es wurde doch alles besser, oder?) [64]. Nicht zufällig warf ein romantischer Visionär wie William Blake, der die ›dunklen, teuflischen Fabriken‹ so leidenschaftlich anprangerte, führenden *philosophes* wie Bacon und Locke, Newton und Voltaire vor, die unheilvollen Geister hinter dem System zu sein. Maureen McNeill hat überzeugend dargestellt, daß Erasmus Darwin, Arzt, Erzieher und Naturwissenschaftler – der in allem führende *philosophe* Englands im ausgehenden achtzehnten Jahrhundert – sich auch am wortgewaltigsten für die Werte der neuen Industriegesellschaft begeisterte [63].

Die politischen Ideen der *philosophes* hatten schon immer ihre Kritiker. Gegner der Französischen Revolution wie Edmund Burke oder Abbé Barruel stellten die Aufklärer als unreife Rationalisten hin, deren apriorische, abstrakte und unverantwortliche Phrasendrescherei über Freiheit, Gemeinwillen und die Rechte des Volkes dazu beitrug, die alte Ordnung zu stürzen – nur, um diese erst durch Anarchie und dann einen weiteren Despotismus zu ersetzen. Vor allem im Bereich der Politik, so die Kritiker, habe es den *philosophes* an jener Qualität gemangelt, die sie angeblich am meisten schätzten: Erfahrung.

Dieser Vorwurf ist auf den ersten Blick durchaus einleuchtend. Während der Konservative Burke ein Leben lang im Parlament saß, ein Amt bekleidete und Macht kennenlernte, waren die meisten *philosophes* nie mehr als reine Salonpolitiker. Dies jedoch war kaum ihre Schuld. Ludwig XV. wollte 1745 Voltaire zum ›Historiographen Frankreichs‹ ernennen; er war schließlich der berühmteste Historiker, Dramatiker und Dichter seiner Zeit [21]. Aber zum Minister der Krone hätte der Monarch einen derart heiklen Kritiker wohl kaum ernannt [41].

Die politischen Präferenzen mancher *philosophes* lassen sich ohne weiteres so darstellen, daß sie überaus unrealistisch, naiv, sogar alptraumartig wirken. In seinem *Contrat social* schwärmt Rousseau, kleine, arme Republiken seien die Kinderstube öffentlicher Tugend; doch seine Bewunderung für das alte Sparta und die frühe Republik Rom waren für das Europa um die Mitte des achtzehnten Jahrhunderts bestenfalls entfernt von Belang, wohingegen die wenigen noch bestehenden Stadtstaaten wie Genf und Venedig oligarchisch und vermögend waren. Einige Historiker unserer Zeit, wie J.L. Talmon, die Rousseau im Licht der Erfahrung des zwanzigsten Jahrhunderts mit dem Faschismus sehen, finden dessen Ruf nach einem heroischen ›Gesetzgeber‹, der als nationaler Erneuerer handeln sollte, bestenfalls einfältig, schlimmstenfalls unheilvoll (auch wenn man solche Urteile anachronistisch nennen könnte). Und wie sollen wir die Logik von Rousseaus Versprechen oder Drohungen verstehen, er wolle »den Menschen zur Freiheit zu zwingen« [28; 29, Kap. 3; 45]. Andere Gelehrte waren, so ließe sich argumentieren, nicht weniger unrealistisch. In seinem *Inquiry Concerning Political Justice* (1793; dt: *Untersuchung über politische Gerechtigkeit*, 1803) vertrat William Godwin eine derart schrille individualistische Variante des Anarchismus, daß er sogar Orchester verdammte. Seine Begründung lautete, sie erzwängen Konformität und bedrohten den individuellen Ausdruck (könnte er der Schutzheilige des Jazz werden?).

Die *philosophes* wurden auch hin und wieder der politischen Prinzipienlosigkeit beschuldigt. Eben jener Godwin, der die Ehe als Eingriff in die persönliche Freiheit leidenschaftlich brandmarkte (er sah sie als eine Art legaler Prostitution), heiratete nicht nur später die freidenkende Feministin Mary Wollstonecraft, er bestand auch darauf, daß Shelly seine Tochter Mary heiratete, statt nur mit ihr zusammen zu leben. Was Voltaire und Diderot angeht, so flirteten sie mit den führenden Absolutisten Europas, Friedrich dem Großen von Preußen bzw. mit Katharina der Großen von Rußland (und sie schmeichelten ihnen auch). Deren Protektion, Unterstützung und Schutz waren zweifelsohne von Nutzen; doch die relativ große Zurückhaltung dieser Intellektuellen angesichts der innenpolitisch tyrannischen und außenpolitisch kriegerischen Politik der beiden Autokraten läßt viele Fragen offen [36; 40; 59; 108].

Bedeutende französische *philosophes* prangerten unerschrocken die Übel des Ancien régime an: Aber kann man sagen, daß sie ihrer Redegewandtheit tatsächlich politische Aktionen folgen ließen? Niemand machte sich ernstlich daran, den politischen Widerstand zu organisieren oder zu den Waffen zu rufen. Lag dies daran, daß es ihnen mit dem

37

Status quo im Grunde gar nicht schlecht ging? Sowohl Voltaire als auch Diderot waren kurze Zeit im Gefängnis; davon abgesehen aber konnten sie ihrem subversiven Tun ohne allzu große Gefahr für ihre persönliche Freiheit nachgehen und wurden in literarischen Salons als Berühmtheiten gefeiert. Vergleichen wir damit das blutige Schicksal zahlloser Häretiker und Freidenker im sechzehnten und siebzehnten Jahrhundert wie Bruno, Campanella und, wenn auch in geringerem Maße, Galileo; erinnern wir uns an die Verfolgung und Ächtung der Agitatoren im Rußland und Österreich des neunzehnten Jahrhunderts. Wie ernst war es also den *philosophes* damit, das Ancien régime zu zerschlagen? Kann man sie als politische Schaumschläger abtun?

Will man ihre Bedeutung als politische Denker und Aktivisten richtig einschätzen, muß man zuvor vieles in Betracht ziehen. Zum einen hat sich in der westlichen Welt seit den Revolutionen in Frankreich und Amerika offenbar ein bestimmtes politisches System endgültig als erstrebenswert etabliert. Inzwischen glauben wir alle an die Regierung des Volkes durch das Volk und für das Volk. Wir glauben an das allgemeine Wahlrecht. Wir glauben, daß Demokratie die Freiheit garantiert; wir glauben an das Parlament, an Wahlen, an repräsentative Regierungen, an das Parteiensystem. Ob zu Recht oder Unrecht: Dies sind inzwischen die heiligen Kühe der abendländischen ›Demokratie‹. Warum also traten nicht alle *philosophes* dafür ein?

Die Antwort lautet, daß es für einen aufgeklärten Intellektuellen 1700 oder 1750 nicht den geringsten Grund gab, automatisch auch nur einen dieser Grundsätze zu befürworten, ganz zu schweigen alle zugleich. Parlamente (in Frankreich die *parlaments*) waren seit jeher die Bastionen adliger Standesprivilegien gewesen, und politische Parteien assoziierte man allgemein mit Fraktionskämpfen zu deren eigenem Nutzen. Die direkte Demokratie war ein Regierungssystem, das mit den alten Griechen entstanden und mit ihnen untergegangen war. Und Rousseau wußte so gut wie jeder radikale englische Journalist, daß die repräsentative Regierungsform ein geeignetes Instrument für Schiebung und Korruption war [35; 74].

Vor allem aber: welche möglichen Gründe hätten die *philosophes* haben können, politisches Vertrauen in die Weisheit des breiten Volkes zu setzen? Fast überall in Europa bestand der überwiegende Teil der Bevölkerung aus analphabetischen Bauern, Tagelöhnern und sogar Leibeigenen – und sie alle waren in den Augen der Elite hoffnungslos unwissend, zurückgeblieben, abergläubisch, und aus langer Gewohnheit eingeschüchtert zu einer unreflektierten, ehrerbietigen Loyalität gegenüber Thron und Altar. Leute wie Voltaire stellten in der Regel die Bauernschaft als vom Vieh kaum unterscheidbar dar. Mit solch unschmeichelhaften Vergleichen wollten sie ein System kritisieren, das Menschen auf das Niveau von Tieren erniedrigte; doch solche Bemerkungen verraten ein Denken, dem es nicht um eine Volksbeteiligung an der Regierung ging – dies schien nicht wirklich vorrangig –, sondern darum, ob das Volk weise oder inkompetent regiert wurde [41; 66; 73].

Die Frage der richtigen oder rechtmäßigen Regierungsform – wer juristisch oder klugerweise die Macht haben sollte – stellte in umfassendster Form Montesquieu in seinem Buch *L'Esprit des lois* (1748, dt.: *Vom Geist der Gesetze*, 1753) [90]. Vom *Geist der Gesetze* diskutiert im wesentlichen drei politische Systeme. Zum einen gab es Republiken. Montesquieu empfand große Sympathie für die republikanische Regierungsform, da er meinte, in deren Volksbeteiligung liege die Freiheit und sie fördere die Tugenden aller, die darin aktiv am politischen Leben teilnehmen. Republiken hatten ihre Blütezeit in der Antike, und Montesquieu kam zu dem nostalgischen Schluß, sie gehörten im wesentlichen der Vergangenheit an [29, Kap. 1].

Desweiteren gab es die Monarchie, und die war in der modernen Welt ganz offenbar eine lebensfähige Regierungsform. Sie bezog große Stabilität aus der hierarchischen Abstufung der Klassen, die sie unterstützte und die Adligen, Patriziern und Kirchenfürsten genau definierte Plätze zuwies, sowie aus dem Gefühl von ›Standesethik‹, das jede dieser Gruppen hatte. Die Monarchie war die wünschenswerte Form der Ein-Mann-Regierung. Die Entartung der Monarchie war, drittens, der Despotismus, bei dem der Herrscher alle rechtmäßigen Unterscheidungen zwischen seinen Untertanen aufhob und durch Angst regierte. Montesquieu fürchtete – ausgehend von Überlegungen zu den Ambitionen Ludwigs XIV. – die französische Krone könne einen Wandel von ›Monarchie‹ zu ›Despotismus‹ anstreben. Daher verherrlichte er als Gegengewicht dazu in seinen Schriften die politische Rolle des traditionellen Adels, der Provinzparlamente und sogar der Kirche, in der Hoffnung, daß diese als Puffer, Kontrolle und Ausgleich dienen könnten, um die Entstehung eines Bourbonen-›Despotismus‹ zu verhindern.

Montesquieus Analyse illustriert die Zwickmühle jener Tage auf besonders unerfreuliche Weise. In einem modernen, großstaatlichen, dynastischen Staatswesen war die Republik als Regierungsform offensichtlich überholt. Außerdem tendierte die Monarchie zum Despotismus. Daher würde es zur Wahrung der Freiheit vermutlich der Unterstützung der reaktionärsten Stände des Königreiches bedürfen (schon in seinem Buch *Persische Briefe* hatte Montesquieu das anmaßende Verhalten und die Privilegien des Adels vernichtend bloßgestellt).

Jedenfalls hatte das politische System der *parlaments* auch seine Gefahren. Die Franzosen mußten zu ihrem Schaden feststellen, daß *parlaments* und Adel über die Macht verfügten, immer wieder Veränderungen zu blockieren, wenn Ludwig XV. oder sein Nachfolger dringend erforderliche Wirtschaftsreformen oder Streichungen im Staatshaushalt versuchten. Rousseau sollte die noch pessimistischere Auffassung vertreten, die Rettung liege nicht in noch differenzierteren konstitutionellen Vereinbarungen, um den Mißbrauch von Macht und Privilegien zu unterbinden. Die Struktur der modernen Gesellschaft als solche sei abgrundtief verdorben und entfremde die Menschen auf eine Art voneinander, die die Freiheit schwäche und Tugenden zerstöre.

Das Problem, wer regieren solle, erwies sich als kompliziert; und die *philosophes* fanden es im allgemeinen konstruktiver, Ratschläge zu formulieren, was eine Regierung tun solle. Sie waren nicht der Meinung, Regieren sei lediglich eine Frage von ›Legitimität‹ oder Erbfolge, der Erhaltung des Status quo und der Verteidigung bestehender Besitzrechte und Privilegien. Sie wollten einen Staat, der Verbesserungen erreichen würde, indem er in einer bürgerlichen Gesellschaft Frieden, Wohlstand, Gerechtigkeit und das Gemeinwohl förderte. Zu diesen Vorstellungen gehörte natürlich, jede unangemessene Einmischung in die persönlichen Belange des einzelnen zu mißbilligen [40]. Gedanken- und Redefreiheit, Pressefreiheit, Glaubensfreiheit und das Recht auf freie Religionsausübung – dies waren die Grundforderungen sozialer Wesen. Der preußische, seinem Wesen nach konservative Kant mißtraute zwar der Idee, das Volk habe ein Recht auf Regierungsbeteiligung, doch selbst er fand, die Verweigerung fundamentaler Bürgerrechte sei für Regierung wie Regierte entwürdigend, da dadurch Erwachsene wie Kinder behandelt wurden. Voltaire hob die Vorzüge bürgerlicher und religiöser Freiheit, *english style*, in den Himmel, indem er in seinem *Lettres Philosophiques* (1733) die Gegebenheiten an der Londoner Börse beschrieb. Dort durften Anglikaner, Dissenters und Katholiken, Juden und Mohammedaner gleichberechtigt Handel treiben. Handelsfreiheit ging einher mit Religionsfreiheit und brachte Frieden und Wohlstand [41].

Die *Philosophes* bedauerten, was ihrer Meinung nach der langsame Verfall der Freiheit in fast ganz Europa war. »Der Mensch ist frei geboren«, lautet der berühmte Anfang von Rousseaus *Gesellschaftsvertrag*, »und überall liegt er in Ketten.« Aber auf dem europäischen Festland erhoben die *philosophes* der ›Hochaufklärung‹ die größere Freiheit des einzelnen und die entsprechende Schwächung des Staates niemals zu einer ihrer Hauptforderung (wie es der englische *laissez-faire* Liberalismus später tat). Zum einen bedurfte es einer starken Exekutive, um die Freiheit des einzelnen gegen

Übergriffe der Kirche und die Privilegien des Adels zu verteidigen. Physiokraten wie Quesnay befürworteten eine Wirtschaftspolitik des freien Handels, erkannten aber, daß nur eine entschlossene, *dirigistische* Verwaltung in der Lage sein würde, die Freiheit des Marktes gegen etablierte, verbürgte Privilegien zu stützen [69]. Kein kontinentaler Denker konnte sich für das Ideal des ›Nachtwächterstaates‹ erwärmen, das die englischen Radikalen so liebten. Selbst Tom Paine, der in seinem *Rights of Man* (1791, dt: *Die Rechte des Menschen*, 1792/93) vehement gegen tyrannische Unterdrückung ins Feld zog, meinte, eine vom Volk gewählte, durch eine Verfassung geregelte Regierung müsse eine konstruktive Wohlfahrtspolitik betreiben (z. B. indem sie Renten einführte).

Es waren vor allem die Denker im deutschsprachigen und mittleren Europa, die nach mächtigen, ›aufgeklärten‹ Herrschern Ausschau hielten, die einen ›Polizeistaat‹ führen sollten [59; 79]. Damit war eine Staatsform gemeint, in der eine effektiv arbeitende Beamtenschaft Leben, Handel, Beruf, Moral und Gesundheit der Bürger oftmals bis in kleinste Einzelheiten regelte. So sollten zum Beispiel Gesetze verabschiedet werden, die frühe Eheschließungen begünstigten, wodurch die Bevölkerung schneller wachsen, die Arbeiterschaft zahlreicher werden, die Wirtschaft sich beleben, das Steueraufkommen und die potentielle militärische Stärke des Reiches sich vergrößern würden. Führende Repräsentanten einer systematisch rationalen Staatstheorie wie Justi und Sonnenfels meinten, die Cameralwissenschaft (Theorie und Praxis der Verwaltung) würde dem Herrscher dienen (indem sie die Staatseinkünfte steigerte und die öffentliche Ordnung stärkte) und zugleich das Los des Volkes bessern [17; 34; 36].

Eine ähnliche Tendenz zur Regulierung oder zumindest dazu, einem zentral organisierten ›Gemeinwohl‹ Vorrang einzuräumen, ist auch in den radikaleren französischen Theorien der Jahrhundertmitte deutlich. Der Utilitarist Helvétius meinte, Menschen seien im Grunde identisch. Folglich seien alle gleichermaßen formbar und durch Erziehung und

Umgebung konditionierbar. So konnte also der weise Regent das Glück aller sicherstellen [91]. Andere Denker wie Mably und Morellet meinten, die Abschaffung des Privateigentums und der Privilegien für bestimmte konfessionelle Gruppen sowie die Unterordnung der Individualinteressen unter das Gemeinwohl würden einen ganz anderen, tugendhaften Bürger schaffen. Auch Rousseau träumte, daß sich in einer richtig konstituierten Gesellschaft die menschliche Natur regenerieren – zumindest aber ihre Degeneration zum Stillstand kommen werde [19, Kap. 3, 5].

Die Denker der Frühaufklärung suchten vor allem nach Wegen, die Ausbreitung des Despotismus zu verhindern. Locke forderte den Konstitutionalismus und führte ins Feld, jede rechtmäßige Obrigkeit sei durch die Naturgesetze begrenzt und basiere auf der Einwilligung der Regierten; aber er war kein Demokrat [64]. Montesquieu versuchte, die Vorzüge einer konstitutionellen Regierung mit historischen Argumenten zu beweisen. Um die Jahrhundertmitte aber hatte sich die Aufmerksamkeit hin zur Frage nach dem Ziel und dem Gebrauch politischer Macht verschoben. Welche Art von Staat würde tugendhafte Menschen hervorbringen? Welche Art von Politik würde den Handel fördern oder eine gesunde Bevölkerung gewährleisten? Damit wurden die politischen Ziele positiver, liefen aber auch Gefahr, zu einer Ausuferung utopischer Phantasien zu verkommen [96].

Daher war der Aufstand der amerikanischen Kolonien gegen Großbritannien für Europa von allergrößter Bedeutung. Die Unabhängigkeitserklärung (1776) bewies, daß es zumindest in der Neuen Welt noch möglich war, in Verteidigung der Freiheit ehrenhaft zu handeln. Der Unabhängigkeitskrieg bewies die militärische Befähigung einer Bürgerarmee, die Selbstbestimmung gegen ›Tyrannen‹ zu verteidigen. Die amerikanische Verfassung bewies, daß republikanische Regierungsformen in der modernen Welt funktionieren konnten, und sie wurde zum Vorbild für die Rolle des Volkes als Träger politischer Souveränität [106; 42, Bd. 2, ›Finale‹].

Und endlich existierte in der amerikanischen Verfassung jetzt ein politisches Modell, bei dem die Verteidigung der Freiheit nicht wie bei Montesquieu von den Kräften der Reaktion abhing. Das amerikanische Experiment funktionierte offenbar und schien zu beweisen, daß Macht nicht automatisch korrumpierte, vorausgesetzt, sie kam vom Volk und wurde durch eine Verfassung sorgsam geregelt. Die neue Republik bedeutete dem alten Europa, es ihr gleichzutun. In den achtziger Jahren des siebzehnten Jahrhunderts gaben *philosophes* wie Condorcet, die bis dahin auf Verstand und Erfahrung vertraut hatten, um den Fortschritt zu sichern, ihre bisherige technokratische Grundeinstellung auf und begannen, im Volk eine neue politische Kraft zu entdecken [12; 72].

Dabei war völlig unklar, wer eigentlich das Volk war und wer für es sprechen sollte, doch dies wurde als Problem erst nach 1789 wirklich deutlich. Die Französische Revolution brachte politische Theorien und Pläne zur Gärung. Nach der Hinrichtung Ludwigs XVI. konnten nachfolgende Regierungen keinen stabilen und erfolgreichen Weg finden, die zweifache Forderung nach einer Regierung des Volkes und einer effizienten Regierung zu vereinen. Auch die Revolution vermochte also das Rätsel nicht zu lösen, das die besten Köpfe der Aufklärung beschäftigt hatte.

REFORM DER RELIGION DURCH
DIE VERNUNFT

Das Navigieren durch die Stromschnellen der Politik war für die *philosophes* also schwierig. Sie waren unschlüssig, ob sie selbst Macht wollten oder aber das Vorrecht der Pandits, jener weisen Berater indischer Fürsten, anstrebten, den Fürst zu kritisieren. Sicherer fühlten sie sich auf dem Gebiet der Religion. Sie akzeptierten keine Religion, die sich ihrer persönlichen Kontrolle entzog. Ja, viele Denker der Aufklärung fanden jede überlieferte Form und Spielart von Religion inakzeptabel.

Bedeutende Aufklärer waren sehr beunruhigt über die Art und Weise, wie sich die Religion allenthalben geistig und institutionell darstellte. Viele führende *philosophes* − vor allem die in Frankreich und England − fanden für die Absurdität der christlichen Theologie, die machtgierige Korruption der Kirchen (insbesondere der römisch-katholischen) und die überaus gefährliche Macht, die sie noch immer durch blinden Glauben über Menschen ausübte, nur bittere und höhnische Vorwürfe. Für einige, allen voran Voltaire, Diderot und d'Holbach, mußte es der erste Schlag einer umfassenden Emanzipationspolitik sein, die Menschheit von der Tyrannei der Religion zu emanzipieren, da niemand eine Herrschaft über sich selbst haben könne, solange er von einer unwahren Religion beherrscht sei [65].

Voltaires Kreuzzug ging anfangs gegen Päpste, Jesuiten und Priester, auf dem Höhepunkt seines Schaffens schließlich gegen den christlichen Gott [41]. David Hume widerlegte mit seiner erfahrungswissenschaftlichen Betrachtungsweise und seinem Skeptizismus die traditionelle Argumentation, der Beweis für die Existenz Gottes sei seine Schöpfung. (Unser Verständnis von Ursache und Wirkung, schrieb er, beruhe ausschließlich auf dem Vorhandensein mehrerer Beispiele; da es aber nur ein Universum, d.h. nur eine ›Wirkung‹ gebe, seien wir nicht in der Lage, etwas über dessen ›Ursache‹ oder Schöpfer auszusagen.) Für Hume war überdies die Vorstellung, ein vernunftbegabter Mensch könne an Wunder glauben, ein Widerspruch in sich. Edward Gibbon behauptete in seinem *Decline and Fall of the Roman Empire* (1776/77; dt: *Geschichte des Verfalls und Untergangs des Römischen Reiches*, 1779), das Christentum trage ebensoviel Verantwortung wie die Barbaren, das erhabene Gebäude der Zivilisation in Trümmer gelegt und das Jahrtausend der Finsternis heraufbeschworen zu haben [75, Kap. 5].

Fontenelle, Boulanger und andere meinten, der Volksglaube an die Existenz strafender Götter im Himmel müsse vor allem als eine krankhafte Reaktion des primitiven Geistes interpretiert werden, der vom Unbekannten verängstigt sei und nicht die Macht habe, die Kräfte der Natur zu kontrollieren. Was die Primitiven fürchteten, machten sie zu Anbetungsobjekten. Und sie hätten Magie und Opfer zur Besänftigung dieser mythischen Gottheiten erfunden, behaupteten die *philosophes*. Ihre Leser verstanden natürlich, daß diese Überlegungen sich nicht nur auf Stämme in Afrika und Nordamerika bezogen. Ihr wahres Ziel war das Christentum mit seinen magischen Sakramenten und der ständig wiederholten Opferung Christi in der Eucharistie [65].

In seinen *Lettres Persanes* (1721) bediente sich Montesquieu eines persischen Reisenden als Sprachrohr, um den Papst einen Magier zu nennen. Auf ähnliche Weise entlarvte Baron d'Holbach die Religion als infantilen Vorläufer der Wissenschaft. Der primitive Geist, schrieb er, glaube an Seelen und Engel, Teufel und Hexen. Die aufgeklärte Vernunft hingegen bewies, daß nichts dergleichen existierte. Es gab nur Natur, und Natur war nichts als ein materielles System physikalischer Körper, das vom gleichförmigen Wirken unwandelbarer naturwissenschaftlicher Gesetze beherrscht wurde [65].

Vor allem Voltaire war der Antichrist der Aufklärung, der sein Leben lang gegen die Dämonen einer unwahren Religion kämpfte. Stets zu antiklerikalem Spott bereit, kämpfte er in seinen Kampagnen anfänglich vor allem *für* Religionsfreiheit (er bewunderte ganz besonders die friedlichen englischen Quäker) und *gegen* die Streitende Kirche sowie weniger bekannte Glaubensrichtungen und Bräuche. Über die Jahrzehnte gewann seine Antipathie an Schärfe, und er richtete seinen bissigen moralischen Zorn gegen das Unheil, das das Christentum verursacht hat, indem es Kriege führte, Ketzer verbrannte, sogenannte ›Hexen‹ hinrichtete und so weiter.

Voltaire hoffte lange Zeit, christlichen Glauben und Kirche durch etwas ersetzen zu können, was Gay ›modernes Heidentum‹ genannt hat [42, Bd. 2, Kap. 7]. Es würde eine ›Natur-Religion‹ sein, ein undogmatischer Glaube an die Existenz eines rationalen, wohlmeinenden Gottes, der als Urheber des Newtonschen Universums anzusehen und als Garant von Gerechtigkeit und sittlichem Verhalten unter den Menschen zu verehren sei. Denn schaffte man auch einen solchen Gott ab, so überlegte Voltaire, was sollte die Menschen davon abhalten, ungestraft schlecht zu sein? (Dies sei der Grund, scherzte er, warum man Gott erfinden müsse, falls es ihn nicht gäbe.)

Doch selbst bei dieser ›natürlichen Religion‹ erlitt Voltaire einen Glaubensverlust. Vor allem das Erdbeben von Lissabon im Jahr 1755, jenes gewaltige Blutbad an Unschuldigen, erschütterte Voltaires Glauben an eine wohlmeinende Intelligenz, die er hinter der Natur zu sehen gehofft hatte. In den letzten Jahrzehnten seines Lebens verdammte Voltaire jede Religion mit einer ruhelosen, unbarmherzigen Grausamkeit, als habe Gott (den es schließlich nicht gab) ihn irgendwie persönlich verletzt. Sein ständig wiederholter Schlachtruf *Écrasez l'Infâme*, ursprünglich auf den Papst und die organisierte Kirche gemünzt, galt schließlich allen, gleich wie gearteten Erscheinungsformen der Religion. Voltaire starb vermutlich als Atheist.

Wir müssen uns die Frage stellen, warum so viele bedeutende *philosophes* – Männer, die sich ihrer differenzierten Toleranz und weltmännischen Nachsicht gegenüber menschlichen Schwächen rühmten – zum Schlagfluß neigten oder sich zu Sarkasmus und Obszönität verstiegen, sobald sie es mit Priestern und religiösen Weltanschauungen zu tun hatten. Schließlich waren Folterungen und Verbrennungen im Namen des wahren Glaubens, Inquisition und Kreuzzüge eine Sache der Vergangenheit. Die Glaubenskriege waren vorüber, die christlichen Kirchen des achtzehnten Jahrhunderts in Europa inzwischen vergleichsweise träge und tolerant (nicht wenige *philosophes* waren, wie Raynal und Mably, selbst *abbés*). Die Gattin des Erzbischofs von Canterbury spielte mit Gibbon, dem Erzungläubigen, ganz vergnügt Whist [75].

Zunächst aber muß unbedingt betont werden, wie breitgefächert und wie vielschichtig die aufklärerischen Einstellungen zum Glauben waren. Nur wenige Intellektuelle wollten Religion durch völligen Unglauben ersetzen. Zum einen glaubten die meisten, daß durch die Naturwissenschaften und die Philosophie zwar die Existenz des speziellen christlichen, menschengleichen ›Gottes der Wunder‹ zweifelhaft geworden sei, sie jedoch auf eine, wie auch immer geartete, lenkende Gottheit, einen übernatürlichen Schöpfer, Planer und Geist verwiesen. Selbst der Skeptiker Hume hielt es für unwahrscheinlich, daß die Ordnung des Kosmos aus Versehen oder Zufall entstanden sein könnte, aus willkürlichen Bewegungen materieller Atome: Wir würden heute sagen, ein solches Ergebnis wäre ebenso unwahrscheinlich wie die Entstehung eines Shakespeare-Stückes, wenn ein Schimpanse auf eine Schreibmaschine einhämmert.

Des weiteren lehnten viele *philosophes* ›Pfaffenlist‹ und den Pomp der ›offiziellen Kirche‹ strikt ab, pflegten aber eine persönliche Frömmigkeit. Protestantische *philosophes* aus der Schweiz waren für ihren eigenen rationalen Glauben bekannt [Taylor, in 77]. Einige Wissenschaftler vermuten, selbst Gibbon sei möglicherweise auf seine eigene, strikt persönliche und private Weise religiös gewesen [75, Kap. 5]. Und die meisten aufgeklärten Intellektuellen waren der Meinung, der Anstand gebiete eine gewisse äußere Anpassung an die öffentlichen Rituale der etablierten Kirche, ob man nun daran glaube oder nicht. Ein solch wohlerzogenes Verhalten trug zur Wahrung der richtigen gesellschaftlichen Ordnung und des Friedens unter den Bürgern bei. Gibbon mag ein Ungläubiger gewesen sein, aber er war auch ein pflichttreuer Kirchgänger (er sagte, es verbessere seine Sprachkenntnisse, einem Gottesdienst mit einer Lesung aus dem griechischen Testament zu folgen).

Viele Aufklärungstheoretiker erwarteten jedenfalls, daß eine gut funktionierende Gesellschaft nach dem Modell des antiken Roms eine ›Staatsreligion‹ haben würde – einen Glauben, der zu Patriotismus, Gemeinschaftsgeist und Tugend anspornen sollte. Gibbon sagte über diese römische Religion, das Volk erachte sie für wahr, die Philosophen für unwahr, und die Regierenden wüßten, daß sie nütze. Der Islam, so schloß er, sei eine bessere ›Staatsreligion‹ als das von Priestern beherrschte und auf das Jenseits gerichtete Christentum [75, Kap. 5]. Wie allgemein bekannt, war auch Voltaire überzeugt, daß Dienstboten – und Ehefrauen – unbedingt fromm sein müßten, da solche Leute Löffel stehlen oder die Ehe brechen würden, wenn es ihnen an Gottesfurcht fehle. Sie kannten also die Vorteile von Frömmigkeit, und so überrascht es nicht, daß viele *philosophes* einem Zweiklassensystem das Wort redeten, mit einer klaren, reinen, rationalen Religion für die Elite und einem melodramatischen Glauben, um Kopf und Herz des niederen Volkes zu lenken. Solche Auffassungen mündeten schließlich im Kult des höchsten Wesens, eines modernen, rational dechristianisierten Anbetungsobjekts, das sich die Französische Revolution ausgedacht hatte.

Schließlich dürfen wir nicht vergessen, daß zahlreiche *philosophes* tief religiös waren. Vor allem in seinen späteren Lebensjahren wurde Jean-Jacques Rousseau im Lob einer Frömmigkeit, die nicht so sehr intellektuell als vielmehr emotional und spirituell war, geradezu lyrisch [45]. Der große englische Universalgelehrte Joseph Priestley, der den Sauerstoff ›entdeckte‹ und die moralische Verdorbenheit des

Christentums aufdeckte und glaubte, daß Erziehung, Naturwissenschaft, Industrie und Technik zu unbegrenztem Fortschritt führen würden, war in seinem Aufklärungseifer kon-
kurrenzlos; seinen Glauben an die Fähigkeit der menschlichen Natur zur Vervollkommnung jedoch formulierte er in
den Begriffen eines ganz wörtlich verstandenen christlichen
Jahrtausends. Priestley war nahezu sein ganzes Leben lang
nonkonformistischer Prediger unitarischer Prägung (die
Unitarier, die nicht nur die Dreieinigkeit, sondern auch die
Göttlichkeit Jesu Christi bestritten, waren, wie Erasmus
Darwin spottete, ein »Federbett, das den fallenden Christen
auffängt«).

Vor allem in den wichtigsten protestantischen Gebieten –
Norddeutschland, Skandinavien, England, Schottland und
den calvinistischen Kantonen der Schweiz – richtete sich die
Ablehnung der modernen Denker nicht so sehr gegen das
Christentum als solches oder die Religion ganz allgemein.
Sie strebten vielmehr nach einem geläuterten und verbesserten Glauben, der sich mit Vernunft und Naturwissenschaften, Gewissen und Wahrscheinlichkeit vereinbaren ließe.
Zahllose Gebildete sahen keinen Grund, warum ein solcher
Glaube (›wahre Religion‹) eine Behinderung des Fortschritts
sein solle. Wie die lutheranische Reformation die mittelalterliche Kirche von ihrer Verdorbenheit gereinigt hatte, so
(sagten sie) werde das Zeitalter der Vernunft diesen Prozeß
zu Ende führen, indem es Ritus wie Lehre von jenen absur-
den mittelalterlichen Auswüchsen befreite (wie dem Glauben an ein tatsächliches ewiges Höllenfeuer), die fortschrittlich Gesinnte nicht mehr anerkannten. Glaubensartikel, die
in dunkleren Tage wertvolle Stützen der Frömmigkeit gewesen waren, würden mit der geistigen Weiterentwicklung des
Menschen von ganz allein schwinden.

Bahnbrechend in dieser Hinsicht war John Lockes *The
Reasonableness of Christianity* (1694; dt.: *Die Vernünftigkeit
des biblischen Christentums,* 1914). Locke meinte, der den-
kende Mensch *müsse* gläubig sein, weil die zentralen Lehren
des Christentums – der Glaube an einen allmächtigen, all-

wissenden, gütigen Schöpfer, die Pflicht, ihm zu gehorchen und zu dienen und so weiter − alle mit Vernunft und Erfahrung völlig vereinbar seien. Christ sein war eine rationale Verpflichtung; doch der vernünftige Christ war nicht gezwungen, auch nur einen Aspekt des überlieferten Glaubens hinzunehmen, gegen den seine Vernunft aufbegehrte. Man mußte um des Glaubens willen nicht irrational sein. Unter dem Deckmantel der ›rationalen Religion‹ wurde das Christentum auf ein Minimum zurechtgestutzt, das auch Gebildete noch glauben konnten.

Noch fortschrittlichere Vertreter eines solchen ›rationalen Christentums‹ behaupteten des weiteren, die Menschwerdung Christi, seine Mission als Erlöser, seine Wunderheilungen seien nicht zwingend vonnöten gewesen, um vernünftigen Menschen religiöse Grundwahrheiten mitzuteilen. Allerdings sei (wie Anthony Collins und andere fortgeschrittene ›Freidenker‹ im England des frühen achtzehnten Jahrhunderts meinten) eine ›Offenbarungsreligion‹ wie die des Neuen Testamentes nötig, um über die nicht-denkende Herde zu herrschen [80; 92].

Von da war es für radikale Freidenker selbstverständlich nur noch ein kleiner Schritt zu dem Schluß, daß das biblische Christentum, einmal dem Lackmustest von Vernunft und Geschichte unterzogen, in ausnahmslos allen Punkten versage. Waren nicht die sogenannten ›Wunder‹ des Alten und des Neuen Testaments reine Fabeln und Hirngespinste, von geschickten Kirchenmännern erfunden, um die Unwissenden zu beeindrucken? Die moderne Naturwissenschaft würde ihre Gaunereien enthüllen oder ihre ›Mysterien‹ zu erklären wissen. Daher (so die Freidenker) war es Kraftvergeudung, Christentum und Vernunft versöhnen zu wollen. Gebildete sollten frei heraus einräumen, daß das Christentum seinem Wesen nach irrational sei und zugunsten einer rationalen Alternative aufgegeben werden müsse, die gemeinhin als ›Deismus‹ bekannt war. Deisten wie Collins' irischer Zeitgenosse John Toland und nahezu sein ganzes Leben lang auch Voltaire vertraten die Auffassung, eine

Betrachtung der Ordnung der Dinge lenke den Geist ›von der Natur hinauf zum Gott der Natur‹; sie vertraten also eine reine ›natürliche Religion‹ [6].

Einige führte der Schritt vom Christentum zur ›natürlichen Religion‹ weiter zu einer ›Religion der Natur‹. Deren Grundlage war die Behauptung, es gebe keinen guten Grund für die Annahme, daß hinter der Natur und über sie hinaus ein bewußtes, intelligentes Prinzip, ein höheres Wesen oder ein großer Baumeister existiere. Natur sei alles, was es gebe, und wenn etwas heilig oder anbetungswürdig sei, dann die Natur selbst. Die Ansicht Spinozas, des großen Philosophen des siebzehnten Jahrhunderts, wonach ›Gott‹ gleichbedeutend sei mit ›Natur‹, war sehr einflußreich gewesen. Später vertrat Baron d'Holbach einen ähnlichen Atheismus oder materialistischen Pantheismus mit Nachdruck in seinem *Système de la nature* (1770) [55; 58].

Kurz gesagt, die Intellektuellen des achtzehnten Jahrhunderts versuchten, eine Religion zu finden oder zu erfinden, die in die Zeit paßte. Das traditionelle Christentum wurde allgemein als nicht zufriedenstellend empfunden, zumindest von Gebildeten und für sie. Einige wollten es rationalisieren und verbessern, andere eine glaubwürdigere Alternative schaffen.

Die Frage allerdings bleibt, warum so viele *philosophes*, die Franzosen ganz besonders, einen solch giftigen Haß auf die christliche Religion und Kirche hatten und warum sie Priester als Geizhälse, Ordensbrüder als Vielfraße, Mönche und Nonnen als Unzüchtige, Theologen als Haarspalter, Inquisitoren als sadistische Folterer und Päpste als Größenwahnsinnige zu denunzieren pflegten.

Zum Teil lag es an ihrer Überzeugung, daß das organisierte Christentum ein kalter, kalkulierender Betrug sei. Kirchenmänner (ließen sie oft durchblicken) glaubten nicht einmal selbst an ihren Humbug, wußten aber wie gewiefte Taschenspieler sehr genau, daß lange Wörter (vor allem in lateinisch), Tricks, Pomp und Getue Macht über Menschen verlieh. Gibbon erklärte den Aufstieg der Kirche im Römischen Reich damit, die frühen Christen seien eine Bande erbarmungsloser, fanatischer Eiferer gewesen, die es sich ohne Rücksicht auf den sozialen Frieden in den Kopf gesetzt hatten, mehr Macht zu bekommen. Indem sie zynisch Lehren wie das Fegefeuer und das dazu passende Ablaßsystem erfanden, habe die mittelalterliche Kirche die Menschen manipuliert, ihre Gegner mit Krieg überzogen und sei zu Europas reichstem Unternehmen geworden.

Die Kirche war also, nach Meinung der wütenden *philosophes*, nicht einfach nur im Irrtum befangen oder gewissenlos gewesen, sondern ausgesprochen unheilvoll. Scheinheilig den Frieden predigend, hatte sie Uneinigkeit und Krieg gesät. In den Religionskriegen des sechzehnten und siebzehnten Jahrhunderts waren Meere von Blut vergossen worden. Der Jahrestag des Massakers in der Bartholomäusnacht verursachte Voltaire jedes Jahr körperliche Übelkeit.

Selbst im achtzehnten Jahrhundert, meinten die *philosophes*, übten die Irrlehren des Christentums noch immer einen schlechten Einfluß auf die menschliche Natur aus, indem sie beispielsweise junge Männer und Frauen dazu verführten, ins Kloster zu gehen, und Kindern ohne Grund eine furchtbare Angst vor der Verdammnis einflößten. Im Fall Calas (1762) sahen die *philosophes* ein perfektes Beispiel. Die Familie Calas waren Toulouser Protestanten, deren ältester Sohn tot aufgefunden wurde. Es gingen Gerüchte, er habe zum Katholizismus konvertieren wollen und der Vater habe ihn ermordet, um diese ›Schande‹ zu verhindern. Ein Prozeß von zweifelhafter Rechtsgültigkeit sprach den Vater schuldig, er wurde hingerichtet.

Voltaire nahm diesen Fall auf. Für ihn belegte diese Angelegenheit, was immer auch tatsächlich geschehen sein mochte, die monströsen Übel religiöser Bigotterie. Falls der Vater seinen Sohn tatsächlich ermordet hatte, um den protestantischen Glauben zu erhalten, dann bewies dies, auf welch groteske Weise religiöses Sektierertum familiäre Gefühle pervertieren konnte. War der Vater unschuldig – was Voltaire natürlich glaubte – entlarvte der Fall, mit welcher Hinterhältigkeit jene ihren Glaubenskampf austrugen, die sich brüsteten, den Frieden zu bringen. Solche Fälle ließen die *philosophes* den römischen Dichter Lukrez zitieren: *O tantum religio potuit suadere malorum* (So viel Übles hat die Religion anzuraten vermocht).

Vor allem empörte die *philosophes*, daß die Kirchen – reich und eine Belastung für die Wirtschaft – noch immer Gedankenkontrolle und politische Macht ausübten. Insbesondere die katholische Kirche ächtete weiterhin andere Glaubensrichtungen. Sie hatte das nahezu uneingeschränkte Monopol im Bereich Erziehung, von der Vorschule bis zu Seminaren und Universitäten (sowohl Voltaire als auch Diderot hatten eine ausgezeichnete jesuitische Erziehung genossen, die sie niemals vergaßen). Sie zensierte Bücher: Die meisten Werke der *philosophes* wanderten auf den Index verbotener Bücher. In einigen *causes célèbres*, so im Prozeß gegen Galileo, hatte die Kirche den Fortschritt des Wissens blockiert. Einhundertfünfzig Jahre später, in den siebziger Jahren des achtzehnten Jahrhunderts, wurde von dem führenden französischen Naturforscher Buffon immer noch verlangt, sich für seine Behauptung, die Erde sei viel älter, als die Bibel behaupte, vor den Heiligen Vätern der Sorbonne zu verantworten. Wo, wie in Spanien, der Thron dem Altar das Schwert lieh, war die Folge eine schreckliche geistige und wissenschaftliche Stagnation [50]. Nur wo die Flügel der Kirche, wie auf bemerkenswerte Weise in den Vereinigten Niederlanden und in England, von der weltlichen Obrigkeit gestutzt worden waren, war der Fortschritt gesichert.

Letztendlich war also die Schärfe, mit der die *philosophes* Kritik übten, das Ergebnis persönlicher Erfahrung und Umstände. Seit dem frühen Mittelalter, führten sie an, hätte der Klerus das Geistesleben in Europa diktiert und als Gedankenpolizei fungiert. Aber die Dinge änderten sich. Mit zunehmender Alphabetisierung, einer Verbreiterung des Bildungsangebotes, dem leichteren Zugang zu Büchern faßte eine neue, säkulare Intelligenz Fuß, die den Klerus, für das Volk deutlich vernehmbar, herausforderte. Die *philosophes* sahen sich selbst als Speerspitze dieser Gruppierung von Schriftstellern und Denkern. Sie forderten Redefreiheit für sich selbst. Ihr Ziel war, als Sprecher der Moderne den Klerus zu ersetzen.

Mit ihrer Kampagne gegen *l'infâme* eröffnete die Aufklärung dem europäischen Geist einen neuen Weg. Die *Philosophes* forderten das Ende der Zensur. Sie feierten die Druckerpresse als wahrhaft befreiende Erfindung. Doch sie selbst waren paradoxerweise ein Spiegelbild der Kleriker, die sie verdrängen wollten. Auch sie bildeten Cliquen, ›heilige Zirkel‹: Häufig hegten auch sie eine Vorliebe für Geheimhaltung, und einige entwickelten mit großem Vergnügen ganz persönliche Rituale und okkulte Symbole. Nicht zuletzt waren viele *philosophes* frühe und begeisterte Mitglieder der Freimaurerlogen, die um diese Zeit entstanden. Solche Logen waren geheime Bünde angesehener Herren, kongeniale Stätten brüderlicher Solidarität. Sie verpflichteten ihre Mitglieder mit bizarren Aufnahmeritualen, die mitunter kirchliche Rituale blasphemisch parodierten [55]. Einige fanden, eine Massenreligion sei als ›Opium fürs Volk‹ nötig. Und der Slogan *écrasez l'infâme*, in dem der blutrünstige Schlachtruf der Kreuzritter widerhallte, war nun zu dem des *philosophe militant* geworden.

Man kann also sagen, daß die ›kleine Schar‹ der *philosophes* sich eine neue Religion schuf, eine Religion der Menschlichkeit. Dennoch war das achtzehnte Jahrhundert – wie im letzten Kapitel näher auszuführen sein wird – ein ganz entscheidender Abschnitt in der Säkularisierung Europas, in einer Entwicklung, für die die *philosophes* zumindest alle wichtigen Argumente lieferten.

WER WAR DIE AUFKLÄRUNG?

Es gab eine Zeit, da ›erklärten‹ Historiker Ansichten mit einem Verweis auf Zeitgeist oder Weltanschauung – eine Vorstellung, die vermutlich auf Hegels Gedanken zurückgeht, das Bewußtsein in der Geschichte entfalte sich in aufeinanderfolgenden, dialektischen Schritten. Danach sah man die Grundzüge des aufklärerischen Denkens als Ausdruck der ›rationalistischen‹ oder ›individualistischen‹ Stimmung ihrer Zeit. Solche Erklärungen wirken heute tautologisch.

Kaum befriedigender erscheint uns heute die Zuflucht, die marxistische Historiker zu Schlagwörtern wie ›bourgeoise Ideologie‹ nahmen, um die möglichen Gründe zu erklären, warum viele Repräsentanten der Aufklärung meinten, die Gesellschaft sei lediglich die Summe ihrer Bestandteile und sittliches Verhalten nichts weiter als eine quantitativ bestimmbare Mischung von Freude und Schmerz [10; 41]. Für Marxisten war das achtzehnte Jahrhundert der endgültige Übergang von Feudalismus zu Kapitalismus, der in der bourgeoisen Revolution (der Französischen) gipfelte. Die Aufklärung galt daher als Manifest des ›bourgeoisen‹ Kampfes gegen den ›aristokratischen‹ Feudalismus.

Das Problem mit solchen Patentlösungen ist, daß sie zugleich zu viel und zu wenig erklären. Sie werden uns kaum darüber Auskunft geben können, warum ein Mann mit einer makellosen Mittelschicht-Herkunft wie Rousseau, Uhrmachersohn aus der prototypisch bourgeoisen Stadt Genf, die ›bourgeoise Ideologie‹ des liberalen Individualismus ablehnte, die zu eben jener Zeit von mehreren *philosophes* entworfen wurde, darunter Marquis de Mirabeau und Baron d'Holbach, die schon wegen ihrer Titel fraglos zum Adelsstand gehörten. Und sie erklären auch nicht (wovon noch zu reden sein wird), warum die französischen Kaufleute der vermeintlich ›bourgeoisen Aufklärungsideologie‹ gegenüber offenbar bemerkenswert indifferent blieben [43].

Unzufrieden mit Scheinlösungen dieser Art, die viel versprachen und wenig hielten, rückten in der ersten Hälfte unseres Jahrhunderts viele führende Vertreter der Ideen- und Philosophiegeschichte von umfassenden Verallgemeinerungen über Klasse und Klassenbewußtsein ab und machten sich statt dessen daran, die inneren Strukturen der Theorien und deren Verhältnis zueinander eingehend zu erforschen. Sie interessierten sich nicht vorrangig dafür, wer die *philosophes* waren oder was sie taten, sondern für die von ihnen skizzierten Ideen und dafür, wie sie sich gegenseitig beeinflußten. Hier wiederum galt ihr Hauptaugenmerk nicht dem Widerstreit von Polemik und Rhetorik, sondern den zugrundeliegenden Übereinstimmungen und den Querverbindungen ihrer Gedankenwelten sowie den (manchmal ungenannten) metaphysischen und philosophischen Grundannahmen, auf denen sie beruhten. Ernst Cassirer, der Begründer dieses Ansatzes, zeigte in *Die Philosophie der Aufklärung* (1932), wie die empiristische Revolte des ausgehenden siebzehnten Jahrhunderts gegen den traditionellen philosophischen Rationalismus − begonnen von Locke, in der Folge von Condillac, Helvétius und anderen übernommen − mit der Zeit zu einem (vor allem von Hume vertretenen) verwirrenden Skeptizismus verkam, den aufzulösen es des ganzen philosophischen Scharfsinns eines Kant bedurfte [24; 19; 40].

Das Problem mit Geschichtswerken wie Cassirers ist, daß sie eifrig Ideen zerlegten und bewerteten, ohne deren größeren Kontext zu bedenken. Lebende Menschen werden auf eine Weise zu Doktrinen auf Buchseiten reduziert, die bereits manche *philosophes* mit eher materialistischen Tendenzen verspottet hatten. Sie tendieren auch zu eigenen retrospektiven und oftmals ahistorischen Urteilen darüber, wer ›wirklich‹ wichtig war (womit meist jene gemeint sind, die bleibende Beiträge zur Lösung philosophischer Probleme geleistet haben). Hierin ist Cassirers Buch insofern bemerkenswert, als er überragend einflußreiche Männer wie Adam Smith und Jeremy Bentham nicht einmal erwähnt [25; 1].

Peter Gays *The Enlightment: An Interpretation* hingegen ging es sehr viel mehr darum, die *philosophes* zum Leben zu erwecken, und zwar eher als praxisorientierte Gelehrte denn als bloße Sprachrohre von Doktrinen − Menschen, deren Meinungen und Polemiken Folge eines Lebens waren, das sie als Intellektuelle in vorderster Front gelebt hatten, Menschen mit einer eigenen Persönlichkeit und eigenen psychischen Neigungen. Gay wollte eine ›Sozialgeschichte der Ideen‹ schreiben [41]. Gleichwohl lenkte er, wie wir sahen, seine Aufmerksamkeit vor allem auf eine, wie er sie nannte, ›kleine Schar‹, eine ›Partei der Humanität‹, vor allem auf Voltaire, Diderot und Rousseau. Dadurch bekam die französische bzw. die französischsprechende Aufklärung ein − möglicherweise nicht gerechtfertigtes − großes Gewicht (eine Sicht, die Frankreich dezentralisiert, folgt im 6. Kapitel). Gays Buch führte, beinahe gegen seinen Willen, den auf ›große Männer, große Denker, große Bücher‹ fixierten Blick weiter.

In jüngerer Zeit haben Historiker versucht, Gays Vorstellung einer ›Sozialgeschichte der Ideen‹ über dessen eigenen Horizont hinaus weiterzuentwickeln. Sie haben ihr Augenmerk auf den fließenden und fruchtbaren Austausch zwischen größeren Gruppen von Denkern, auf ihr Kommen und Gehen gerichtet; sie haben betont, die Aufklärung sei eine kollektive Bestrebung auf breiter Basis und nicht nur das Werk einiger Giganten; und sie haben die engen Zusammenhänge zwischen materiellen Gegebenheiten, den Lebensumständen der Menschen und ihrem Denken aufgezeigt. Dieser neuere Ansatz greift auch die materielle Grundlage des Bewußtseins auf, die dem Marxismus zu Recht wichtig ist, meidet aber strikte Patentlösungen (wie die, wonach die Aufklärung der Kampf der entstehenden bürgerlichen Gesellschaft war, sich von ihren feudalen Fesseln zu befreien) zugunsten eines sehr viel begrenzteren Wissens über Aktivisten, Gruppierungen und Krisen [55].

Der größte Erfolg dieser neuen ›Sozialgeschichte‹ war der Nachweis, daß es falsch war, den Beginn der Aufklärung auf das Erscheinen ihrer ›großen Bücher‹ in den zwanziger und dreißiger Jahren des achtzehnten Jahrhunderts zu datieren: Montesquieus *Lettres persanes* (1721), Vicos *Scienza nuova* (1725), Voltaires *Lettres philosophiques* (1733). Ebenso kann nicht als gegeben angenommen werden, daß sie mit dem Tod ihrer Heroen endete (außer Condorcet starben alle großen französischen *philosophes* vor der Französischen Revolution).

Diese neuere Generation von Sozialhistorikern lädt uns statt dessen ein, die Bewegung als einen umfassenderen Gärungsprozeß zu sehen, der von ungemein vielen, vergleichsweise unbekannten Denkern, Schriftstellern am Leben gehalten und verbreitet wurde. Und sie hätte niemals gedeihen können ohne ein ausgedehntes Netzwerk von Freunden, Sympathisanten und Reisebegleitern, von Gefährten beispielsweise, die Verbannte aufnahmen oder Briefe und Bücher an die weiterleiteten, die im Untergrund und in Verstecken lebten. Gelegentlich profitierte die Aufklärung sogar von der stillschweigenden Billigung und geheimen Hilfe durch Leute in einflußreichen Posten, die gewillt waren, offiziell verbotene verlegerische Tätigkeiten einfach nicht zur Kenntnis zu nehmen. Mit seiner liberalen Politik könnte Malesherbes, oberster Zensor Frankreichs um die Jahrhundertmitte, der beste Freund der französischen Aufklärung gewesen sein. Am wichtigsten vielleicht war, daß die Aufklärung durchaus hätte versickern können, hätte sie nicht die furchtlose und oft überaus gefahrvolle Unterstützung durch Drucker, Verleger und Buchhändler gehabt, die oftmals den Schmuggel illegaler Bücher über Grenzen organisieren mußten. Führende Repräsentanten des Buchhandels gingen beträchtliche Risiken ein, um die Werke der *philosophes* zu veröffentlichen – mitunter aus politischer Überzeugung, in aller Regel allerdings, wie Darnton betont, mit dem Gedanken an üppige Gewinne [32; 33].

Solche ›Untergrundaktivitäten‹ waren für die ersten Gruppen von Aufklärungsaktivisten unverzichtbar und ermöglichten die Verbreitung boshafter Satire und extremer

Meinungen, die fast radikaler waren als alles, was später kam. Wie Margaret Jacob betonte [55], entstand die beißende, politische und religiöse Kritik, die Merkmal der Frühaufklärung ist, aus Widerstand gegen eine offenbar übermächtig werdende Allianz zwischen erstarkenden Bourbonen und dem Stuart-Absolutismus, gepaart mit Katholizismus – eine Allianz, die im letzten Viertel des siebzehnten Jahrhunderts alles mit sich zu reißen drohte.

Politisch-religiös Verbannte aus dem England Karls II. und Jakobs II. sowie flüchtende Hugenotten aus Frankreich (vor allem nach der Aufhebung des Edikts von Nantes im Jahre 1685), verbündeten sich in den Niederlanden mit dortigen Radikalen, Freidenkern, Gelehrten, Verlegern und Druckern. Diese Männer, die in Den Haag oder Amsterdam in einer Atmosphäre von Intrigen und größter Unsicherheit lebten, gründeten ihre eigenen, informellen Vereinigungen, Klubs und Zirkel, die mitunter Freimaurerlogen ähnelten. Solche exklusiven Zirkel übten sich in den ›republikanischen‹ Tugenden der Brüderlichkeit und Freiheit, denn ihre exilierten Mitglieder waren gezwungen, ›republikanische‹ Kameradschaft zu ihrem Lebensstil zu machen. Diese kleinen Gelehrtenrepubliken bekämpften den politischen Absolutismus, erarbeiteten eine eigene Kritik der orthodoxen Religion, die vor allem in John Tolands Schriften auf einem pantheistischen Glauben basierte, in der die Natur an die Stelle Gottes trat, und die (in einigen, heimlich kursierenden Manuskripten) Moses ebenso wie Jesus und Mohammed bezichtigten, ›Hochstapler‹ zu sein. Das Werk des verbannten Iren Toland – in der Politik republikanisch, in der Philosophie materialistisch – ist die verständlichste Darstellung der extremeren Ansichten, die in diesem Milieu entstanden [55; 100; 101].

Wie nun genau diese frühe ›radikale Aufklärung‹ und ihre breitere Wirkung zu bewerten ist, ist unter Wissenschaftlern heftig umstritten, unter anderem, weil die noch verfügbaren Dokumente fragmentarisch und schwierig zu bewerten sind. Sicher ist heute, daß einige der radikalsten

Argumente gegen politisch-religiöse Orthodoxie schon ganz zu Anfang der Aufklärung formuliert worden waren – Ansichten, die den frühen Voltaire im Vergleich dazu lahm wirken lassen. Wie Ira Wade schon vor langer Zeit nachwies, breiteten sich solche Ideen durch die heimliche Zirkulation von Manuskripten rasch aus, vor allem nach Frankreich, wo sie später den Radikalismus förderten [100; 101].

Langsam wird deutlicher, daß sich zu allen Zeiten der Bewegung neun Zehntel des Aufklärungs-Eisberges unter der Oberfläche befanden; der Historiker, der diesen Umstand vernachlässigt, tut das auf eigene Gefahr. Schon seit langem widmen Wissenschaftler Diderots und d'Alemberts *Encyclopédie* große Aufmerksamkeit, jenem großartigen, mit gewagt emanzipierten Ideen gespickten Kompendium des praktischen Wissens, das ab 1751 erschien und binnen zwanzig Jahren auf gut zwanzig Bände anwuchs, zuzüglich zehn Bänden Kupferstiche. Die Autoren einiger Beiträge sind bis zum heutigen Tage unbekannt; viele – nicht zuletzt der Chevalier de Jaucourt, der Hunderte von Artikeln schrieb – werden in den gängigen Geschichtswerken über die Aufklärung kaum erwähnt. Sie alle bezeugen das unentbehrliche Reservoir an Unterstützern und Sympathisanten, auf deren Hilfe sich die *philosophes* verlassen konnten. Ein Großteil der *Encyclopédie* – jenem ›trojanischen Pferd‹ des Ancien régime – besteht aus Berichten über Künste und Handwerk, Naturwissenschaft und Technik, Industrie und Landwirtschaft, ausnahmslos Bereiche, die die Herausgeber als für eine Modernisierung Frankreichs unverzichtbar ansahen. Einige Einträge waren allerdings viel offensichtlicher subversiv, und d'Alemberts *Einleitung zur Enzyklopädie* verkündete laut und deutlich, es bedürfe neuer Denkweisen, um den Anforderungen eines neuen Zeitalters gerecht zu werden [60; 78].

Doch eine aufwendige Untersuchung des Inhalts der *Encyclopédie* wäre sinnlos, solange man nichts über ihre Geschichte als Buch weiß: Wie sie finanziert, veröffentlicht und verbreitet wurde, wer sie verkaufte, wer sie kaufte, las und welche Folgen dies hatte. Mit seiner eingehenden Studie hat Robert Darnton unser Wissen über die zahlreichen Neuauflagen der *Encyclopédie* in der zweiten Jahrhunderthälfte immens erweitert. Es handelte sich zumeist um kleinere, preiswertere Ausgaben, und bei diesem wagemutigen Unternehmen tat sich eine Schweizer Firma besonders hervor, die Société Typographie de Neuchâtel. Sie hatte sich auf die Veröffentlichung von Flugschriften und *risqué* Belletristik französischer Schriftsteller spezialisiert, deren Druck in Frankreich noch zu gefährlich war. Es ist natürlich sehr wichtig zu wissen, daß die Verleger in Paris, zu nah am wachsamen Auge der Obrigkeit und daran gewohnt, sich eigener Privilegien zu erfreuen, die großen Gewinne nicht einstreichen konnten, die die Verbreitung der Werke der *philosophes* einbrachten [32; 33].

Wer kaufte die *Encyclopédie* und ähnliche Werke? Gewiß nicht das ›Volk‹, nicht einmal die Mengen der Unterschicht-Radikalen; sie war zu teuer, sie war ein radikales Werk, das auf die Reichen abzielte [26]. Seine Käufer waren – trotz des Gewichts auf Handel und Technik – auch nicht die Bourgeoisie der Kaufleute. Die französischen Geschäftsleute interessierten sich zu sehr für die herkömmlichen Arten, Geld zu verdienen und Prestige zu vergrößern, und sollten sich als eines der konservativen Elemente des späten Ancien régime erweisen [18]. Der wichtigste Markt kam vielmehr aus der Schicht der gehobenen Berufe – Juristen, Verwaltungsbeamte und Amtsinhaber –, dem höheren Klerus, adligen Großgrundbesitzern und Provinz-Honoratioren. Diese wohlhabenden, einflußreichen und gebildeten Kreise stellten auch die Mitglieder der literarischen Akademie und gelehrten Zirkel, die in der französischen Provinz der zweiten Hälfte des achtzehnten Jahrhunderts an Bedeutung gewann [81; zu einer englischen Entsprechung, der Lunar Society in Birmingham, vgl. 89]. Es scheint paradox, daß die Aufklärung durch die Protektion und die Geldbörsen dieser Stützen der Gesellschaft am Leben gehalten wurde – soziopolitisch an sich recht konservative Menschen, die allerdings oftmals ein beträchtliches Verlangen nach intellektuellen Neuheiten und eleganter Kultur hatten.

Zur Zeit der ›Hochaufklärung‹ schrieb also eine Elite von Gelehrten, die vorwiegend in angenehmen finanziellen Umständen lebten, für Angehörige ihrer eigenen Schicht. Montesquieu war Baron, Condorcet Marquis. Der Juristensohn Voltaire wurde durch den Ertrag seiner Schriften sehr reich und lebte in großem Stil als der *propriétaire* von Château Ferney. Helvétius machte ein Vermögen als Generalpächter. Gibbon, Sohn eines Großgrundbesitzers und Parlamentsmitglieds, folgte seinem Vater im Parlament; Bentham lebte von ererbtem Vermögen. Auch wenn sie der Hände Arbeit ständig priesen, waren nur wenige *philosophes* Männer aus dem Volk, die sich hochgearbeitet hatten – Diderot allerdings war es ebenso wie Benjamin Franklin, der Drukker aus Philadelphia, der selbst den Rat beherzigte, den er in seinem *Poor-Robin*-Almanach veröffentlicht hatte (›Early to bed and early to rise, makes a man healthy, wealthy and wise‹). Der zügelloseste Libertin der *philosophes*, der deutschstämmige Adlige Baron d'Holbach, führte in Paris einen luxuriösen Salon [57].

Erst gegen Ende des Jahrhunderts kam es zwischen den Aufklärungsgelehrten und der Volkskultur in Frankreich zu einem fruchtbaren Austausch – und schließlich zu einer elektrisierenden Spannung. Wie Darnton gezeigt hat, entstand vor allem in den achtziger Jahren eine neue Art von Aufklärung: ein aufgebrachter Stil von populärem Journalismus. Dessen Lohnschreiber wüteten nicht nur auf grobe und den Pöbel aufhetzende Weise gegen traditionelle Ziele wie Priester und Höflinge, sie legten auch einen abgrundtiefen Haß auf die Privilegien der Oberschicht als solcher an den Tag. Dieser neue Boulevard-Journalismus begründete in Frankreich die Usancen einer Schmutzpresse, der es um Sensationen und die Enthüllung sexueller Skandale ging, die dabei aber auch mit vereinfachten Aufklärungsparolen hausieren ging. Zu einer Zeit, als die meisten *philosophes* bereits zur eleganten Gesellschaft gehörten, verbreiteten neue Schriftsteller wie Sebastian Mercier und Restif de la Bretonne Aufklärungsgedanken unter den Unzufriedenen und Besitzlosen, posaunten schrillere Botschaften heraus und erkoren sich zu ihrem Schutzheiligen nicht den extrem differenzierten Voltaire, sondern bezeichnenderweise Rousseau, den populistischen Spötter gegen die feine Gesellschaft [33; 37].

Peter Gay charakterisierte die *philosophes* als eine ›solide, ehrenwerte Schicht von Revolutionären‹ [42, Bd. 1, 9]. Diese absichtlich provozierende Charakterisierung klingt durch und durch glaubwürdig. Wie radikal ihre Ideen sein mochten, die führenden Protagonisten der ›Hochaufklärung‹ kamen aus den gebildeten und besitzenden Schichten oder wuchsen in sie hinein, und sie sahen sich selbst als Gentlemen. Die Mitglieder der Lunar Society in Birmingham, jener glanzvollen Aufklärungsversammlung von Intellektuellen, Großgrundbesitzern, Unternehmern, Erfindern und Fabrikanten – darunter die Fabrikanten Josiah Wedgwood und Matthew Boulton, der Erfinder James Watt und die Wissenschaftler Erasmus Darwin und Joseph Priestley – feierten den Fortschritt, beklagten die Sklaverei und begrüßten (großenteils) den Ausbruch der Französischen Revolution. Dennoch trat keiner für die Belange des ›Volkes‹ ein; und es war eine patriotische, pöbelhafte Volksmenge, die 1790 Priestleys Haus niederbrannte und ihn zwang, in die Vereinigten Staaten ins Exil zu gehen [63; 89].

Ich habe den Begriff ›Männer der Aufklärung‹ benutzt. Was war mit den Frauen? Man kann leicht Frauen finden, die in der Bewegung eine gewisse Bedeutung hatten: Sowohl die Marquise de Châtelet, Voltaires Geliebte, als auch Sophie Volland, Diderots Geliebte, waren hochintelligent, kultiviert und redegewandt. ›Blaustrümpfe‹ wie Elizabeth Montagu und Hannah More hielten in London Hof, und in Paris führten (wie Gibbon bemerkte) *grandes dames* die Salons, wo die Philosophen schockierten und brillierten. Die Holländerin

Belle de Zuylen, die Mme. de Charrière wurde und sich in der Schweiz niederließ, war eine begabte Literatin mit fortschrittlichen Ansichten – James Boswell, der in den Genuß eines kurzen Flirts mit ihr kam, erachtete sie als ›fanatische *libertin*‹, weil sie die sexuelle Doppelmoral ablehnte.

Doch im großen und ganzen ist Gays ›Familie‹ von *philosophes* ein rein männlicher Klüngel. In den vordersten Reihen tauchten erst mit der Revolutionszeit radikale Denkerinnen auf, als Madame de Staël und Mary Wollstonecraft (Verfasserin von *Rights of Woman*, 1792, dt. *Rettung der Rechte des Weibes*, 1793/94) ihre Spuren hinterließen. Die Kirche hatte den Frauen gestattet, sich als Heilige oder Mystikerinnen zu äußern, und selbstverständlich verfügten im Ancien régime viele Königinnen und Adlige über große Macht, allen voran Maria Theresia und Katharina die Große. Das achtzehnte Jahrhundert sah führende Literatinnen und bahnbrechende Romanschriftstellerinnen [54]. Aber erst im neunzehnten Jahrhundert gab es unabhängige, gebildete Frauen in nennenswerter Zahl, und erst ab dieser Zeit können wir von authentischen ›Frauenbewegungen‹ sprechen, in denen Frauen für die Verbesserung der Lage von Frauen kämpften. Der Aufklärung ging es um die Emanzipation der Menschheit, nicht der Frau [54].

Die (männliche) Aufklärung war liberal genug, die Auffassung zu unterstützen, Frauen seien vernunftbegabte Wesen; darüber hinaus jedoch kümmerte sie sich nicht nennenswert um die allgemeine Emanzipation der Frau zur Ebenbürtigkeit mit dem Manne. Einige *philosophes*, besonders Rousseau, betonten sogar eine klar abgegrenzte geschlechtliche Arbeitsteilung. Das öffentliche Leben sei die Sphäre des Mannes, wohingegen Frauen den ehrenvollen, aber verborgenen Pfad persönlicher Tugend, Bescheidenheit, Häuslichkeit und Kindererziehung beschreiten sollten. Ansichten wie Rousseaus, mit ihren Ängsten vor ›Verweiblichung‹ und ›Schlafzimmerpolitik‹, tauchten in den Reden der Französischen Revolution immer wieder auf und gehörten im neunzehnten Jahrhundert zur Wirklichkeit des öffentlichen Lebens. Die Aufklärung schätzte die ›Vernunft‹, förderte jedoch zugleich die Entstehung des Kultes einer idealisierten ›Mutterschaft‹ und hinterließ so den Frauen ein zwiespältiges Erbe [52; 54; 94].

Zu den von den Aufklärern am meisten geschätzten Werten gehörte der Kosmopolitismus. Da, wie die *philosophes* sagten, die Vernunft auf der ganzen Welt das gleiche Licht wirft, vertraten sie meist die Auffassung, es gebe nur einen allgemeingültigen Standard der Gerechtigkeit, der von einem normativen Naturgesetz diktiert sei − ja, es gebe nur eine einzige menschliche Natur und alle Menschen, ›von China bis Peru‹, hätten im Grunde die gleichen Eigenschaften und Bedürfnisse. Daher gehörte es zu den bevorzugten literarischen Stilmitteln von Schriftstellern wie Montesquieu, in die Person eines ausländischen ›Anthropologen‹ (in seinem Fall ein persischer Weiser) zu schlüpfen, der Europa besuchte − als Möglichkeit, Laster und Torheiten nicht nur der Europäer, sondern der Menschheit überhaupt zu verspotten [88].

Die *philosophes* machten sich über engstirnigen Nationalismus ebenso lustig wie über jede Art spießbürgerlicher Vorurteile. Sie sahen sich selbst gern als Männer von Welt, die weniger Savoyen, Schottland oder Schweden angehörten als vielmehr einer internationalen Gelehrtenrepublik. Dabei galt ihr bewundernder Blick dem Internationalismus der antiken Stoiker und der gemeinsamen Kultur, die in den Tagen Roms die Völker des Mittelmeers vereint hatte. Naturwissenschaftler und Gelehrte verständigten sich untereinander immerhin noch in einer gemeinsamen Bildungssprache, dem Lateinischen. Latein verlor zwar im achtzehnten Jahrhundert an Boden, doch an seine Stelle trat eine andere internationale *lingua franca*: Französisch. Friedrich der Große sprach mit Voltaire ebenso Französisch wie Katharina die Große mit Diderot; Edward Gibbon veröffentlichte sogar sein erstes Buch in Französisch.

Diese Entwicklung war etwas zwiespältig. Französisch wurde zu einer Art Esperanto. Doch das Vorherrschen dieser

Sprache war auch Anzeichen dafür, daß die französischen Intellektuellen von vielen als Speerspitze der Aufklärung erachtet wurden. Und obwohl Historiker immer wieder vom Internationalismus der Aufklärung sprachen, gingen sie dennoch häufig zur gleichen Zeit davon aus, daß die wirklich entscheidenden Entwicklungen in Frankreich geschahen und von dort das Licht ausstrahlte, das das ganze übrige Europa erhellte. Ganz in dieser Tradition schreibt beispielsweise Marsak, die Aufklärung sei »im wesentlichen ein französisches Phänomen« gewesen [7; 3]. Je weiter entfernt von Paris, desto finsterer wurde es.

Aber es birgt Gefahren, die ›wahre‹ Aufklärung allzu sehr mit dem intellektuellen und kulturellen Geschehen in Frankreich gleichzusetzen. Zum einen fingen die aufklärerischen Gärungsprozesse, wie wir schon im letzten Kapitel sahen, ganz gewiß nicht in Frankreich an. Bevor Genies wie Montesquieu und Voltaire, die alles in den Schatten stellen sollten, die Bühne betraten, brodelte bereits eine radikale intellektuelle Bewegung außerhalb der Grenzen Frankreichs, vor allem in der Niederländischen Republik des siebzehnten Jahrhunderts. Wir müssen also die Ursprünge der französischen Aufklärung genauer betrachten.

Zum anderen befaßten sich in ganz Europa die führenden Intellektuellen – auch wenn sie sich natürlich zum Kosmopolitismus bekannten – intensiv mit den Problemen und der Politik ihres eigenen Landes; und dabei setzten sie von Ort zu Ort unterschiedliche Prioritäten. Wir erhielten also ein ungemein verzerrtes Bild der Aufklärung, wenn wir davon ausgingen, daß die entscheidenden Themen der französischen *philosophes* – die Übel des Katholizismus, ›feudale‹ Privilegien, Zensur, die Notwendigkeit, einen philosophischen Materialismus zu entwickeln – auch in den Überlegungen der Denker im übrigen Europa von Neapel bis Uppsala und von Birmingham bis St. Petersburg den größten Raum einnahmen. Statt dessen werden wir feststellen, daß sich Intellektuelle den Problemen ihrer eigenen Gesellschaft und ihres eigenen Landes widmeten und auf der

Grundlage eigener kultureller Werte ›aufgeklärte‹ Lösungen erarbeiteten.

Holländische Denker lösten die Probleme der Aufklärung nahezu, bevor jemand sie überhaupt erlebt hatte. Schama hat gezeigt, daß die niederländische Republik des siebzehnten Jahrhunderts sui generis war. Erst versuchten die Spanier, dann die Franzosen, diese Nation mit Waffengewalt von der Landkarte zu tilgen. Dies mißlang, doch nach landläufiger Meinung waren die Niederlande ein derart eigentümliches Gebilde, daß sie auf gar keinen Fall Bestand haben würden. Denn sie boten einer Vielzahl unterschiedlicher Völker und religiöser Weltanschauungen Raum, nicht nur Protestanten und Katholiken, sondern auch Juden und Moslems. Zudem waren sie ein politischer Bastard, verfügten im *stadholder* über die vage Imitation eines Monarchen und basierten auf einem dezentralisierten, wackligen, republikanischen Staatsgefüge, das auch noch häufig in sich zerstritten war. Sie wurden weniger vom üblichen erblichen Schwertadel beherrscht als vielmehr von städtischen Regenten, und ihr Wohlstand beruhte nicht auf Grundbesitz, sondern auf dem Handel. Und sie waren auch keine ›Republik‹ im klassischen Sinne. Es wurde erwartet, daß Republikaner das frugale Leben pflegen und ›Luxus‹ ablehnen sollten; die Bürger Hollands hingegen genossen ihren ungewöhnlichen Wohlstand in vollen Zügen [Schama in 77; 87].

Die Niederländische Republik war daher nach Ansicht vieler Unfug, und niemand wußte so recht, was von ihr zu halten war. Doch gegen alle Wahrscheinlichkeit hatte sie sich am Ende des siebzehnten Jahrhunderts ganz eindeutig als Erfolg erwiesen und wurde somit zum festen Beispiel dafür, wie Aufklärungs-Desiderate funktionierten: Freiheit von Tyrannei, religiöser Pluralismus und Toleranz, Wohlstand, eine (relativ) friedfertige Außenpolitik. Als sicherer Hafen für exilierte Intellektuelle schien die niederländische Republik mit ihrer wissenschaftlichen Produktivität und ihren hervorragenden Verlagen ein beneidenswertes Muster für Fortschritt zu sein.

Und doch zollte man dieser atemberaubenden holländischen Realität des siebzehnten Jahrhundert nur verhalten und widerwillig Tribut. Kein *philosophe* meinte ernsthaft, daß Frankreich, Preußen oder Russland dem politischen Modell der Niederlande folgen könnten oder sollten. Adlige *philosophes* verachteten die Holländer – wie gemeinhin die Juden – als schmutzige, geldgierige Kaufleute. Sie waren nicht überrascht, als die Regierungsform der Niederlande, von reichen Bankiers und internationalen Händlern beherrscht, im achtzehnten Jahrhundert immer mehr einer *Oligarchie* zu ähneln begann und in der Folge ihre kulturellen Leistungen abnahmen. Etwa ab 1750 leisteten die Holländer keine eigenständigen Beiträge mehr zu Naturwissenschaft oder Philosophie und waren seither nur noch ein wichtiges Verlagszentrum [Schama in 77].

Die Einzigartigkeit des britischen Weges[3] hingegen ließ sich nicht so einfach abtun. Nun konnte das England des achtzehnten Jahrhunderts keine solche Schar verwegener Intellektueller vorweisen, die zu Politik, Freidenkerei, moralischen wie sexuellen Themen die radikalsten Gedanken äußerten, wie es sie in Frankreich gab [87]. Grund dafür war jedoch nicht, daß das England zur Zeit Georgs V. unaufgeklärt gewesen wäre. Im Gegenteil. Es lag daran, daß England bereits vor dem achtzehnten Jahrhundert jene Umwälzungen in Politik, Religion und individueller Freiheit erlebt hatte, die französische Intellektuelle das ganze Jahrhundert über – ohne Erfolg – lautstark forderten.

Vor allem dank der *glorious revolution* von 1688 hatte England die Garantie einer parlamentarischen Vertretung und konstitutionellen Regierung erlangt, die Freiheit der Person *(habeas corpus)*, beträchtliche, wenn auch nicht unumschränkte Religions- sowie Rede- und Pressefreiheit. Philosophen wie John Locke hatten sogar Modelle der aufgeklärten Gesellschaft vorgelegt: eine liberale, auf Individual-

---

3 Die *Act of Union* von 1707 löste das Schottische Parlament auf und vereinigte die Königreiche England und Schottland.

rechten und dem Naturrecht basierende Regierung, der Vorrang der Gesellschaft vor dem Herrscher; ein rationales Christentum; die Unantastbarkeit des Eigentums, das sich im Rahmen einer liberalen Wirtschaftspolitik entfalten konnte; ein Vertrauen auf Erziehung; und nicht zuletzt eine uneingeschränkt empiristische Einstellung zur Förderung von Wissen, die an die menschliche Fähigkeit glaubte, sich durch Erfahrung weiterzuentwickeln [108].

Das entscheidende Problem der englischen Intellektuellen im achtzehnten Jahrhundert war nicht, ein altes Regime kritisieren oder am grünen Tisch ein neues entwerfen zu müssen, es lag vielmehr darin, ihre reformierte Verfassung in die Tat umzusetzen. Dies war ein kühnes Experiment. Ließ sich ein hohes Maß an persönlicher Freiheit wirklich mit sozio-politischer Stabilität vereinbaren? Oder würde eine beschränkte, konstitutionelle Monarchie zu Anarchie oder Despotie verkommen? Um dies zu verhindern, pries man lauthals alle Vorzüge der kontrollierenden und ausgleichenden Mechanismen einer Repräsentativverfassung – ein System, das sich schon bald Montesquieu empfehlen und in die amerikanische Verfassung eingehen sollte. Ganz entscheidend aber war (so Hume), daß die Exzesse des parteipolitischen Geschwätzes durch weisere, mäßigende Ältestenräte gedämpft werden würden [Porter in 77].

Würde sich – auch dies kein geringeres Problem – der immense Sog individuellen Wohlstands (es war das Zeitalter des Empires und der industriellen Revolution) mit dem Zusammenhalt der Gesellschaft vereinbaren lassen? Oder würde Reichtum die Freiheit untergraben, die Klassen voneinander trennen und die Verfassung verfälschen – Gefahren, die in der herkömmlichen Lehre vom ›Gemeinwesen‹ sehr betont wurden [74]. Auch hierzu fand man optimistische Alternativen, von den geistreichen Paradoxa eines Bernard Maudeville am Beginn des Jahrhunderts bis zu den Systemen der Politökonomen an dessen Ende. Nach deren Meinung trug der Wohlstand der einzelnen zum Wohlstand der Nationen bei, und durch eine blühende Wirtschaft werde

71

unweigerlich ein Netz zwischenmenschlicher Beziehungen geknüpft, so daß die Gesellschaft nicht gespalten, sondern gestärkt werde [46].

Moralisten füchteten dennoch, daß sich ein völlig ungezügelter, sogenannter ›Besitzindividualismus‹ (die Verfolgung persönlicher Vorteile) in einem ›Opportunitätsstaat‹ als allzu sprengend erweisen und die Menschen voneinander entfremden könnte [64; 74]. Im Gegenteil, konterte eine wichtige Strömung des britischen Denkens, von Addison und Steele im *Spectator* zu Beginn des Jahrhunderts bis hin zu Professoren der späten schottischen Aufklärung wie John Millar und Dugald Stewart [27]. Wirtschaftswachstum würde zu einer Verbrauchergesellschaft führen, die ihrerseits dazu beitragen würde, die Sitten zu verfeinern, den Frieden zu fördern, die Sensibilität zu erhöhen und die Menschen mit den unsichtbaren Ketten des Handels an ihre Gefährten zu binden. Richtig verstanden, würde der Kapitalismus die Gesellschaft nicht zerfressen, sondern sie sogar festigen. Führende britische Intellektuelle befaßten sich also viel mehr mit praktischen Fragen als mit abstrakten Entwürfen.

Dies gilt besonders für die überaus bemerkenswerte Gruppe von Gelehrten und Professoren der schottischen Aufklärung. Das Schottland des frühen achtzehnten Jahrhunderts war wirtschaftlich vergleichsweise rückständig. Die Act of Union (1707) löste das unabhängige schottische Parlament auf, das Scheitern der Jakobiter spaltete und schwächte die Nation um ein weiteres. Große schottische Denker wie David Hume und Adam Smith reagierten darauf nicht, indem sie die Hände rangen, der verlorenen Glorie nachsannen oder sich visionäre utopische Pläne für die Unabhängigkeit ausdachten. Sie akzeptierten vielmehr, daß die Zukunft Schottlands von einer raschen Modernisierung der Gesellschaft und der Industrialisierung ihrer Wirtschaft abhing. Ihre wegweisenden Analysen der sozialen Vorbedingungen des Kapitalismus und der Gesetze einer Marktwirtschaft sind die großen Leistungen des auf die Praxis zielenden Denkens der schottischen Aufklärung [22; 27; 54].

Intellektuelle auf dem europäischen Festland mochten hinsichtlich der holländischen Situation gemischte Gefühle haben, was die britische anging, gab es keinen Zweifel. Angefacht durch Voltaires *Lettres philosophiques* (1733), die in glühenden Tönen von Großbritanniens politischer und religiöser Freiheit, seinen Wirtschaftserfolgen, seiner kulturellen Fortschrittlichkeit und seinen wissenschaftlichen Glanzleistungen – von Newton vor allem – sprachen, suchte eine ›Anglomanie‹ den Kontinent heim. Kulturelle Neuerungen aus England wie die Romane, angefangen bei Defoes Bestseller *Robinson Crusoe*, wurden allgemein nachgeahmt. Voltaire hatte auf seiner Reise durch England die Zukunft gesehen, und sie funktionierte.

Der englische Staat hatte eine Repräsentativverfassung, in der die Krone in vielschichtigem, ständigem Austausch mit den beiden Häusern des Parlaments agierte. Viele sahen diese Beschneidung der Zentralgewalt als ausgezeichneten Weg, die bürgerliche Gesellschaft (Kaufleute, Handwerker, Künstler) zu autarkem wirtschaftlichem und kulturellem Wachstum anzuregen. Doch als System ließ es sich kaum exportieren.

Denn in den meisten deutschen Fürstentümern und in den Monarchien östlich der Elbe blieb der Feudaladel an der Macht, die Landwirtschaft war rückständig und erstarrt, die Alphabetisierungsrate nicht der Rede wert, und es gab kaum tatkräftige Technokraten und Industrielle, die eine wirtschaftliche Veränderung von innen hätten bewirken können. Daher war im überwiegenden Teil des europäischen Kontinents ein Alternativmodell zur Verbreitung der Aufklärung vonnöten – eines, das zur Umsetzung von Verbesserungen nicht wie in England auf Marktmechanismen und individuelle Initiativen baute, das auch nicht wie in Frankreich den monolithischen Status quo angriff, sondern das vielmehr versuchte, die Hilfe bestehender Institutionen einzubeziehen und diese dabei auch gleich zu reformieren.

In Süddeutschland und im Herrschaftsraum der Habsburger verfolgte die römisch-katholische Kirche ein eigenes

Reformprogramm, indem sie für einen versöhnlicheren Glauben warb, der sich von den Dogmen der Gegenreformation distanzierte [Blanning und Wangermann in 77]. Im protestantischen Deutschland und in Skandinavien – wie auch in der Schweiz und in Schottland – waren die Universitäten die Vermittler des geistigen Gärungsprozesses; Professoren lehrten ein rationales Christentum, erarbeiteten Pläne für eine wirtschaftliche Erneuerung und eine Verwaltungsreform und verschrieben sich begeistert den Naturwissenschaften [Frängsmyr, Phillipson, Taylor und Whaley in 77]. Viele nahmen an staatlichen Erhebungen nationaler Bodenschätze teil. Während Gibbon meinte, die akademischen Honoratioren Oxfords stünden bis über beide Ohren in Portwein, und Voltaire die Sorbonne mit den Worten abkanzelte, sie lasse keine Fragen mehr zu, boten andernorts Universitäten wie Uppsala, Halle und Göttingen einen Vorgeschmack auf den erstaunlichen Aufschwung des akademischen Lebens, der im neunzehnten Jahrhundert stattfinden sollte.

Nicht zuletzt machten sich auch Königshäuser die Idee einer aufgeklärten Regierung zu eigen. Die sogenannten ›aufgeklärten Absolutisten‹ – Friedrich der Große, Katharina die Große, möglicherweise Maria Theresia, mit Sicherheit aber ihr Sohn Joseph II. – sahen die Notwendigkeit von Reformen, und sei es nur, um ihre fiskalische Ausgangssituation zu verbessern und ihre Kriegsmaschinerie zu modernisieren [34; 36; 59]. Sie verbesserten die Bildung, setzten Steuerreformen durch, förderten den Handel, indem sie Binnenzölle abschafften, und errichteten bürokratische Hierarchien, die eine rationale, effiziente und geordnete Verwaltung gewährleisten sollten. Die Cameralwissenschaft oder Verwaltungslehre, von Juristen wie Justi theoretisch entwickelt und von bedeutenden Staatsdienern wie Graf Kaunitz umgesetzt, war die praxisorientierte politische Wissenschaft des kontinentalen Absolutismus, deren Ziel der ›geordnete Polizeistaat‹ war (wobei das achtzehnte Jahrhundert unter ›Polizei‹ die gesamte staatliche Verwaltung verstand und

nicht, wie im zwanzigsten Jahrhundert, ihre rein machtge-
stützte Ausprägung).

In den deutschsprachigen Ländern und in Osteuropa
schlossen sich Gebildete, Akademiker und Beamte dem Fortschritt der bürokratischen Aufklärung ›von oben‹ an. Fortschrittliche Adlige experimentierten auf ihren Gütern mit
einer Modernisierung der Landwirtschaft und gründeten,
wie zum Beispiel in Böhmen, Gesellschaften zur Verbreitung
wissenschaftlicher und technischer Kenntnisse [Teich in 77;
16]. Italienische Intellektuelle wie Genovese unterwiesen
ihre Landsleute in der Modernisierung der Wirtschaft
[Chadwick in 77; 97]. Von Kopenhagen bis Mailand trafen
sich in den Städten neu gegründete Lesegesellschaften bei
dem neuerdings modernen Getränk Kaffee, um Ausführ-
ungen über Geschichte, Philosophie und die Zukunft des
Menschen zu lauschen und sich eine gehobene Kultur, nütz-
liches Wissen und ein elegantes Kunstverständnis anzueig-
nen, zu deren Popularisierung Addisons und Steeles bewunderte Wochenschrift *Spectator* zu Beginn des Jahrhunderts
viel beigetragen hatte.

Diese Aufklärungsaktivitäten fanden in Mitteleuropa
innerhalb der bestehenden politischen Strukturen statt.
Anders als in Frankreich war es nicht oberstes Ziel, Kirche
und Staat anzugreifen und radikale politische Freiheiten zu
fordern. Solche Taktiken hätten seicht und töricht, vor allem
aber zum Scheitern verurteilt gewirkt. Doch auch wenn ein
gewisser politischer Konservatismus weiterhin das tägliche
Geschehen beherrschte, sollten wir diesen Gärungsprozeß
von Ideen nicht belächeln. Überall entstanden neue Jour-
nale, Tageszeitungen, Bibliotheken und Vereine, und als
Folge begannen die Gebildeten, über ihre Lebensweise zu
diskutieren und Aspekte eines künftigen Handelns zu eröff-
nen [Whaley in 77].

In Großbritannien akzeptierten die Repräsentanten der
Aufklärung im großen und ganzen die Regelung nach 1688,
traten für sie ein und gingen dazu über, die Gesellschaft
durch schrittweise Umgestaltung der Wirtschaft und Verbes-

serungen für das Individuum voranzubringen. In den britischen Kolonien Nordamerikas wurde die Aufklärung zum Idiom der Revolte, und die Gründungsväter hatten die einmalige Gelegenheit, aus dem Nichts einen aufgeklärten Staat aufzubauen [Pole in 77]. In Mitteleuropa verbanden die Aufklärer ihr Los mit dem der Behörden, die sie als Mittler eines geordneten, gut verwalteten Fortschritts sahen. Am wenigsten stabil jedoch waren, wie sich zeigte, die Strukturen der Aufklärung in Frankreich [Hampson in 77].

Anders als in England klagten in Frankreich die *philosophes* über den Zustand ihres Königreiches: Es war rückständig, repressiv, es war sogar international gesehen ein Fehlschlag. Sie empfanden für ihren Staat auch keine Loyalität wie viele deutsche Aufklärer für ihre Fürstentümer. Abgesehen von seltenen Ausnahmen, wie Turgot, belohnte die französische Regierung sie nicht mit Macht und politischen Ämtern.

Doch lassen wir uns nicht verleiten, die führenden *philosophes* deswegen als hoffnungslos weltfremde Intellektuelle zu sehen, als verarmte Bohemiens, die in Dachkammern Hunger litten, vogelfreie Verschwörer, die in den Untergrund gezwungen worden waren und nichts zu verlieren hatten. Viele von ihnen, allen voran Voltaire, waren reich, berühmt und wurden als die inoffiziellen, alternativen Gesetzgeber ihres Landes gefeiert, eine Art Regierung im Quasi-Exil. Ludwig XV. und Ludwig XVI. mochten die Aufklärer, die gern Politiker geworden wären – die Physiokraten (die Pioniere der Marktwirtschaft) zum Beispiel –, das eine Mal anhören und das nächste Mal ablehnen, im großen und ganzen jedoch ignorieren – die elegante, gebildete und erste Gesellschaft *(les gens de culture)* kaufte ihre Bücher und förderte ihr Ansehen [81]. Hierin lag natürlich die Stärke der *philosophes* – ihr Ruhm bewahrte sie davor, zum Schweigen gebracht zu werden –, aber auch ihre Schwäche.

Überall entstanden zwischen Klerus und Adel (die ersten beiden Stände des Reiches) auf der einen sowie dem Volk (dem dritten Stand) und Vertretern der Aufklärung (Meinungsträger, vierter Stand) auf der anderen Seite ausgeprägte Verbindungen. In Mittel- und Osteuropa oder in kleinen absolutistischen Staaten wie den italienischen Herzogtümern oder Portugal führte die Aufklärung nicht zu folgenschweren sozio-politischen Spannungen. Hier tendierte die Intelligenz dazu, in die Hegemonialordnung eingebunden zu werden.

In England hingegen kamen solche bestehenden Spannungen nicht zum Ausbruch, weil der Staat nicht nur die Meinungsfreiheit bereits zugestanden hatte, sondern auch der Entwicklung einer bürgerlichen Gesellschaft und der Wirtschaft breiten Raum ließ. Die Aktivitäten unabhängiger Schriftsteller, Industrieller, Propagandisten und Kritiker bedeuteten für den Staat keine wirkliche Bedrohung. Englische Intellektuelle und Künstler waren zwar verbal häufig gegen König und Geistlichkeit, identifizierten sich aber im Grunde mit den Belangen der Nation und neigten zu überschwenglichem Patriotismus.

Frankreich war die große Anomalie. Diese Gesellschaft war hinreichend modernisiert, um über eine einflußreiche Intelligenz zu verfügen, die auf ihre Muskelkraft vertraute und vom Schutz der Krone, von kirchlichen Ämtern oder akademischen Ehren relativ unabhängig war. Die französischen Denker fürchteten, von der Obrigkeit erdrückt zu werden. Doch sie waren als Bildungsschicht unzufrieden, und sie verstanden es, zu den Unzufriedenen zu sprechen. Es wäre unsinnig zu behaupten, die französische Aufklärung habe die Französische Revolution herbeigeführt. Doch die Bewegung trug mit Sicherheit zur Entstehung einer Situation bei, in der die ideologische Loyalität zum alten Regime unaufhaltsam und fast vollständig unterhöhlt wurde.

Als erster französischer Seeoffizier setzte Louis Bougainville 1768 Fuß auf die neu entdeckte Pazifikinsel Tahiti. Er war ein gebildeter Mann und veröffentlichte schon bald einen Bericht, der begeistert deren Ähnlichkeit mit jener Insel der Glückseligen beschrieb, die die Schriftsteller der Antike beschworen hatten, ein Land der Sorglosigkeit, des Friedens und des Überflusses, wo die Natur alle Bedürfnisse des Menschen stillte. Ganz besonders betonte er, diese glücklichen Insulaner hätten keinerlei Privatbesitz und seien frei von jenen strikten sexuellen Tabus, die im christlichen Europa üblich waren.

Nach der Lektüre von Bougainvilles Beschreibung dieses Paradieses wurde der französische *philosophe* Denis Diderot zum Studierstubenanthropologen und verfaßte ein *Supplément* zu Bougainvilles *Voyage*. Dabei ging er über Bougainville hinaus und sah die tahitische Gesellschaft als im großen und ganzen frei von allen Flüchen des Despotismus und des Privateigentums (»kein König, kein Richter, kein Priester, keine Gesetze, kein ›dein‹ und ›mein‹«). Alles gehöre allen, auch die Frauen, denn diese glückliche Insel (schrieb Diderot) huldige der freien Liebe. Das Resultat eines solchen Lebens sei von jener erniedrigenden Wollust, die christliche Prediger vorausgesagt hätten, weit entfernt. Das Fehlen angsteinflößender Beschränkungen eines natürlichen Verlangens brachte vielmehr eine Nation hervor, die ruhig, sanftmütig und voll Gleichmut ist. Indem Diderot diese ›edlen Wilden‹ pries, kritisierte er zugleich die verdrehten und ablehnenden sexuellen Einstellungen des angeblich zivilisierten Europas [85; 107].

Bei seiner zweiten Reise nach Tahiti machte Captain Cook sich daran, das, wie er meinte, unzutreffend sentimentale Bild des polynesischen Lebens zu korrigieren, das der Franzose gezeichnet hatte. Cook sah es als Beleidigung der

Tahitianer, sie darzustellen, als suhlten sie sich in einer Art Kommunismus: Sie seien gar nicht so primitiv. Der aufmerksame Beobachter, der sich von solchen phantasievollen Vorurteilen nicht blenden lasse, werde feststellen (so der bodenständige Seemann aus Yorkshire), daß praktisch jeder Baum auf der Insel einem Eingeborenen gehöre.

Das gleiche galt für die angebliche sexuelle Freizügigkeit der Tahitianer. Die polynesische Sexualmoral gestatte keineswegs ungezügelte Leidenschaft, sondern sei in Wahrheit dem sehr ähnlich, was man in England oder Frankreich praktiziere. Es sei zwar zutreffend, räumte Cook ein, daß sein Schiff bei der Landung von liederlichen Frauen umringt worden sei, die sehr bemüht gewesen seien, ihre sexuelle Gunst zu verkaufen. Doch falls ein Tahitianer in Portsmouth oder Chatham landete, fände er dort nicht genau das gleiche vor?

Diese Vignette erlaubt einen faszinierenden Einblick in das Spiel unterschiedlicher Aufklärungswerte. Der phantasiebegabte Pariser *philosophe* Diderot benutzte seine Tahitianer als Mittel, die katholische Kirche mit ihrer morbiden Keuschheitsbesessenheit und spielverderberischen Einstellung zur Erotik der Lächerlichkeit preiszugeben. Captain Cook hingegen, der praktische Engländer vor Ort, wollte mit solchen Schwärmereien über ›edle Wilde‹ nichts zu schaffen haben. Nun könnte man daraus schließen, daß hier die *philosophes* (trotz ihres ständigen Geredes von einer ›Wissenschaft vom Menschen‹) auf frischer Tat dabei ertappt worden seien, Phantasien zu spinnen, wohingegen ein nüchterner englischer Seemann der wahre Hüter unumstößlicher Fakten war.

Doch ein solcher Gegensatz zwischen Aufklärungsideologie und handfestem Empirismus wäre viel zu undifferenziert. Denn Cooks Wahrnehmung der Tahitianer war ihrerseits von Theorien und Grundannahmen aufklärerischer Natur tief geprägt. Seine (wie er es sah) ›Verteidigung‹ der Sexualmoral der Inselbewohner basierte auf der weit verbreiteten Gleichheitsidee und der ›kosmopolitischen‹ Überzeugung – die auch *philosophes* wie Voltaire und Hume ver-

79

traten – wonach Wesen und Verhalten des Menschen auf der ganzen Welt etwa gleich sind [88]. Überdies vertrat Cook die am klarsten von den schottischen Ökonomen formulierte Auffassung, Privateigentum und eine soziale Gliederung seien feste Bestandteile einer jeden komplexen und blühenden Gesellschaft. Anders als die australischen Eingeborenen, die kaum einen Faden hatten, um ihre Blöße zu bedecken, waren die Tahitianer ein blühendes Volk; daher mußten sie, meinte Cook, auch soziale Rangunterschiede und Privateigentum haben [22; 74].

Vielleicht schuf Diderot, der *philosophe* der Gelehrtenstube, größere Mythen als Cook, der Beobachter; aber auch Cook vertrat grundlegende Aufklärungsgedanken. Nicht eine Sekunde lang hätte er in der polynesischen Sinnlichkeit den Beweis gesehen, daß diese Menschen in Erbsünde versunken seien. Allein die Tatsache, daß sie *andere* Sitten und Lebensgewohnheiten hatten als Europäer, machte sie nicht automatisch *minderwertig* und lieferte noch weniger eine Rechtfertigung dafür, sie ungerecht zu behandeln, auszubeuten oder in die Sklaverei zu verkaufen. Denn sie waren Menschen, und Cook hätte sich, wie alle anderen *philosophes*, ganz sicher den Worten des römischen Lustspieldichters Terenz angeschlossen: »*Homo sum, et nihil humanum alienum a me puto*« (Ich bin ein Mensch, nichts Menschliches ist mir fremd). Cook praktizierte den Aufklärungsgrundsatz, den Montesquieu am treffendsten formuliert hatte, wonach man sich nicht zum Richter über die Lebensweise anderer Menschen machen, sondern zunächst versuchen solle, sie im Rahmen ihrer Umstände zu verstehen, um dann das Wissen über sie dazu zu benutzen, mehr über sich selbst zu lernen [11].

Dieses Beispiel berührt eine wichtige Frage. Inwieweit müssen wir *alle* Schriften des achtzehnten Jahrhunderts – alle Werke der Kunst, Wissenschaft und Phantasie – als Ausdruck der Aufklärung sehen? Sollte dieser Begriff einigen wenigen polemischen Schriften vorbehalten bleiben, die kritisieren und reformieren wollten? Darauf gibt es keine einzig richtige, endgültige Antwort. Wir müssen herausfinden, inweweit aufklärerische Vorstellungen die gesamte Kultur jener Zeit färbten. Je mehr wir allerdings solche Begriffe verwässern, desto größer ist die Gefahr, inflationär zu werden und am Ende nur noch Bedeutungslosigkeit zu produzieren.

Daher ist die Feststellung wichtig, daß Samuel Johnsons didaktischer Roman *Rasselas* (1759) in vielem Voltaires *Candide* ähnelt, das im gleichen Jahr erschien. Im Gewand eines Abenteuerromans erzählen beide von den Schwierigkeiten, wahres Glück in einer Welt zu finden, die von Grausamkeit, Gewalt, Ehrgeiz, Leid und Enttäuschung zerrissen ist, einer Welt, in der die meisten vorgeblich ›glücklichen‹ Menschen – und nicht zuletzt Philosophen – nur dank ihres unendlichen Talents zum Selbstbetrug glücklich sind.

Voltaires Werk ist ohne Zweifel ein Schlüsseltext der Aufklärung, da er die göttliche Barmherzigkeit in Frage stellt, blutleeren Rationalismus (den sogenannten philosophischen ›Optimismus‹) verwirft und zum praktischen Handeln drängt [98]. Johnsons parallele Romanhandlung kann man schwerlich als Bestätigung der gleichen Werte interpretieren. Johnson haßte Voltaire, verabscheute Irreligiosität und mißtraute Neuerungen. Seine moralische Erzählung ist eine Warnung vor der Oberflächlichkeit, allzu hohe Erwartungen an weltliche Verzückung zu knüpfen, und kein Handbuch zum Glücklichsein. *Rasselas* schließt mit einem »Schluß, mit dem nichts beschlossen ist« [67].

Mit anderen Worten, es wäre also ein Fehler, jede geistige Entwicklung, jede Neuerung der literarischen Formen und jede Veränderung im ästhetischen Geschmack im achtzehnten Jahrhundert als Ausdruck einer einheitlichen Aufklärungsphilosophie zu sehen. Es wäre jedoch gleichermaßen töricht, zu bestreiten, daß die von den *philosophes* entwickelte Sicht der menschlichen Natur und ihr Ideal eines guten Lebens sowohl in den Künsten und den Wissenschaften wie auch im Alltagsleben überall ihren Niederschlag fanden. Kunst verkörperte häufig die Ideen der Aufklärung.

Nehmen wir die Entwicklung des Romans. Man kann nicht behaupten, daß die Aufklärung den Roman erfunden habe. Aber viele Romane des achtzehnten Jahrhunderts befassen sich ganz explizit mit Aufklärungsfragen. Zu Beginn des Jahrhunderts hatte Daniel Defoes *Robinson Crusoe* auf klassische Weise das Dilemma eines Menschen fiktionalisiert, der – als Schiffbrüchiger auf einer Insel – in den Naturzustand zurückversetzt und (mit Ausnahme von Freitag) ganz auf sich gestellt die Zivilisation (neu) erfinden und sein eigenes Schicksal gestalten muß. Am Ende des Jahrhunderts ging es in den pornographischen Romanen des Marquis de Sade um das Problem von Verhaltensregeln (gibt es überhaupt welche?) in einer nachchristlichen Welt, in der Gut und Böse, Recht und Unrecht zu ausschließlich subjektiven Fragen von Lust und Schmerz geworden sind [85; 103].

Während des gesamten Jahrhunderts herrschte zwischen Neuerungen in der Philosophie, Ethik und Psychologie auf der einen und der Erforschung von Charakter und Motivation im Roman auf der anderen Seite ein lebhafter Austausch: Ein gutes Beispiel sind Diderots Dialoge, so in *Rameaus Neffe*. Diderot benutzte die Dialogform als Mittel, um verschiedene Ansichten zu formulieren und das gleiche Thema von verschiedenen Seiten zu beleuchten.

Auf ähnliche Weise schlug sich auch die neue Wertschätzung von Gefühl und Empfindung als Quelle wahrhaft sittlichen Verhaltens, von Denkern wie Shaftesbury, Francis Hutcheson und David Hume propagiert, sehr schnell in Romanen nieder. Henry Mackenzies *The Man of Feeling* (1771; dt. *Der Mann von Gefühl*, 1774) zeigt dies ebenso wie Lessings Werk [20]. Goethes phantasiereiche Erkundung der widerstreitenden Anziehungskräfte von Liebe, Sexualität und ehelicher Treue in *Wahlverwandtschaften* basierte ausdrücklich auf der damals verbreiteten Wissenschaftstheorie der ›Affinität‹ chemischer Elemente zueinander. Und Laurence Sterne ließ die Leser seines Romans *Tristram Shandy* wissen, sie müßten mit der Lockeschen Psychologie vertraut sein. Denn Lockes Aufsatz *Versuch vom Menschlichen Verstand* sei der Schlüssel zum wahren Verständnis der Funktionsweise des menschlichen Geistes [108].

Romane waren also häufig eine Art, implizite Folgen von Aufklärungsgedanken zu erproben. Dies gilt auch für viele andere Kunst- und Literaturgenres: beispielsweise die Oper. Natürlich spiegelten nicht alle Entwicklungen in der Oper aufklärerische Ideen oder Tendenzen. Dennoch spielten philosophische Fragen und Überzeugungen gewiß eine Rolle. Mozarts *Don Giovanni* behandelt die Spannungen zwischen sexueller Freizügigkeit und den Forderungen der Menschlichkeit; seine *Hochzeit des Figaro* denunziert auf herausfordernde Weise das uralte, ›feudale‹ *droit de seigneur; Die Entführung aus dem Serail* kontrastiert das zivilisierte Europa mit den exotischen, allerdings auch barbarisch despotischen Sitten der Ottomanen; die *Zauberflöte* schließlich zeigt die Möglichkeiten spiritueller Vervollkommnung des Menschen durch Selbsterkenntnis.

Und schließlich fanden die Denker der Aufklärung auch moderne Antworten auf die alten Fragen ›Was ist Stil?‹ und ›Was ist Geschmack?‹. Die herkömmliche Auffassung, Klassiker wie Aristoteles hätten für alle Zeiten die verschiedenen Genres (Epos, Tragödie usw.) und die sie beherrschenden Regeln der Schönheit festgelegt, wurde endlich angezweifelt und verworfen. Führende Kritiker der Aufklärung von Shaftesbury bis Diderot, von Winkelmann bis Lessing versuchten, eine neue Philosophie der Ästhetik zu formulieren. Ihre Überlegungen zeigen Geschmack als Ergebnis kultureller Konditionierung einerseits und psychologischer (und sogar physiologischer) Reaktionen auf bestimmte Formen, Farben und Leute andererseits. Die Erhabenheit eines Ozeans oder Berges, meinte Edmund Burke, wirkten dergestalt auf Sinne, Nerven und Phantasie, daß jenes Gefühl von Ehrfurcht entstehe, das als das ›Majestätische‹ erlebt werde [51].

Nicht nur in den Künsten wird sichtbar, daß der fruchtbare Austausch zwischen speziellen ›inneren‹ Anspannungen und neuen, von der Aufklärung vertretenen Werten Veränderungen nach sich zog. Ein Beispiel ist die Medizin. Wie Peter Gay zu Recht behauptet hat, war ein Aspekt des optimistischen ›Selbstvertrauens‹ der Aufklärung, daß die Menschheit langsam aufhörte, Krankheiten fatalistisch hinzunehmen [42, Bd. 2, Kap. 1]. Immer weniger Menschen fanden sich damit ab, Seuchen und Epidemien als Willen Gottes und als gerechte Strafe für die Sünden der Menschheit zu sehen. Der Mediziner und *philosophe* Erasmus Darwin fand die Vorstellung, der Teufel verursache Krankheiten, absurd, und die Meinung, Gott verursache absichtlich Leiden, grotesk (könnte Gott so grausam sein?) [63].

Als zu Beginn des Jahrhunderts die Pockenimpfung in Großbritannien eingeführt wurde, wehrten sich nur einige fundamentalistische calvinistische Gemeinden in Schottland dagegen. Ihre Begründung lautete, Leiden sei vorherbestimmt, doch das aufgeklärte England mit seinem ›rationaleren‹ Glauben, daß Gott dem hilft, der sich selbst hilft, übernahm diesen bedeutenden medizinischen Fortschritt bereitwilliger. Selbst Bischöfe empfahlen sie. Der Sekretär der Royal Society of London sammelte Daten zum Beweis dafür, daß Impfungen nach der statistischen Wahrscheinlichkeit Leben retteten. Ebenso gaben aufgeklärte Ärzte endlich die traditionelle biblische Vorstellung auf, der Grund für Geisteskrankheit sei teuflische Besessenheit. Statt dessen erklärten sie sie als Krankheit des Gehirns oder, mit Rückgriff auf Lockes Psychologie, als geistigen Wahn, der durch eine fehlerhafte Ideenverbindung beim Verstehen verursacht wurde. Der ›altmodische‹ Methodistenführer John Wesley hingegen hielt an dem Glauben fest, daß Dämonen und Zauberei Krankheiten verursachten [76].

Der ganze Ablauf des Lebens, von der Wiege bis zur Bahre, veränderte sich im Lichte der Aufklärungswerte. Was Geburten anging, so drängten fortschrittliche Ärzte darauf, bei der Entbindung die ›unwissenden‹ Hebammen durch ausgebildete männliche Geburtshelfer zu ersetzen. Einmal geboren, sollten ihrer Auffassung nach die Säuglinge nicht mehr auf traditionelle Weise in Bandagen gewickelt werden, sondern sich ›natürlich‹ umherbewegen. Kleine Kinder sollten nicht künstlich ›verzärtelt‹, sondern dazu angehalten werden, sich in der frischen Luft zu bewegen. Dies werde sie abhärten, und so würden sie stark aufwachsen. Wenn die Menschen auf die Gesundheit ihres Körpers achteten (statt Zeit auf ihre ›Seele‹ zu verschwenden), dann gab es, meinten Erasmus Darwin und andere gleichgesinnte Mediziner, keinen Grund, warum Menschen nicht viel länger leben sollten als die biblische Spanne von siebzig Jahren.

Wenn aber der Tod schließlich kam, dann müsse man ihm, glaubten die Aufklärer, frei von der alten christlichen Angst vor dem Höllenfeuer begegnen. Als der Christ James Boswell, der eine furchtbare Angst vor dem Sterben hatte, den Ungläubigen David Hume besuchte, der damals an Krebs starb, war er erstaunt über dessen heitere Gelassenheit. Denker der Aufklärung meinten, sterben sei ebenso natürlich wie einschlafen [76; 62].

Es wäre jedoch zu simpel, wollte man den Eindruck erwecken, alle von der Aufklärung angeregten Neuerungen der Lebensführung seien unzweideutig ›Verbesserungen‹ gewesen. Die Veränderungen waren oftmals zweischneidig. Nehmen wir die Behandlung von Verbrechern. Die im Ancien régime bevorzugt verhängten Strafen für Verbrecher waren die körperliche Züchtigung und die Todesstrafe. In den meisten europäischen Ländern, allerdings nicht in Großbritannien, war die gerichtlich angeordnete Folter noch legal. Aufklärer wie Beccaria in Italien und Bentham in England verwarfen diese Arten der Bestrafung mit der Begründung, sei seien ebenso uneffektiv wie grausam. Bentham forderte statt dessen lange Gefängnisstrafen, während derer die Gesetzesbrecher arbeiten sollten, um die Gesellschaft für ihre Verbrechen zu entschädigen. In Einzelhaft würden sie in ihren Zellen über ihre Vergehen nachdenken müssen, was sie psychologisch bessern würde. Der aufgeklärten Strafrechtstheorie ging es also weniger um reine Rache oder Vergeltung, als vielmehr um Abschreckung und Reform. Vor allem die Folter mußte abgeschafft werden, da sie immer das Gegenteil bewirke. Solche Richtlinien wurden seit dem ausgehenden achtzehnten Jahrhundert in Europa zunehmend auch in die Tat umgesetzt. Ob dieses neue Gefängnissystem tatsächlich humaner war und ob es wirklich Verbrechen verhinderte, bleibt indes fraglich [39].

Die Reformen der Aufklärung führten also nicht immer zum gewünschten Ergebnis. Und es waren auch nicht in allen Fällen Aufklärer, denen das Verdienst für tatsächliche Verbesserungen zukam. So beklagten alle *philosophes* die Sklaverei, wie sie auf kolonialen Plantagen üblich war. Sie sei ein Verbrechen gegen die Menschlichkeit, laufe der Bruderschaft aller Menschen zuwider und sei nicht zuletzt, wie Adam Smith meinte, auf lange Sicht teurer als freie Lohnarbeit. Doch in England wurden die Kampagnen, die im Britischen Empire erst die Abschaffung des Sklavenhandels und dann der Sklaverei erreichten, von Christen und Quäkern geführt, nicht von der liberalen Intelligenz. Thomas Jefferson, Sproß der Aufklärung, Anwalt der Menschenrechte und dritter Präsident der Vereinigten Staaten, blieb zeit seines Lebens Sklavenhalter.

Das Verhältnis zwischen Theorie und Praxis, Denken und Tun ist immer vielschichtig. Dieses Kapitel wollte nicht nachweisen, daß alle Neuerungen in der Lebensführung des achtzehnten Jahrhunderts auf Anstöße der Aufklärung zurückgehen. Und es wollte auch nicht behaupten, daß die, die tatsächlich darauf zurückgehen, immer eindeutige Verbesserungen waren. Außer Frage steht jedoch, daß die Protagonisten aufklärerischer Werte es für möglich und erstrebenswert hielten, das Leben der Menschen zum Besseren zu ändern. Es sei die Pflicht der jetzt lebenden Generation, die Welt für die nachfolgenden Generationen zu verbessern. Die *Philosophes* meinten, man müsse Naturwissenschaft, Technik und Industrie dazu nutzen, dem Menschen die Beherrschung der Natur zu ermöglichen. Sie waren sicher, daß man durch Ökonomie, Statistik und das, was wir heute Soziologie nennen, eines Tages würde verstehen können, wie die Gesellschaft funktioniert; und hatte man mit Hilfe dieser ›Sozialwissenschaften‹ die sozialen Beziehungen erst einmal verstanden, seien sie besser zu organisieren und vernünftiger zu kontrollieren. Vor allem aber glaubten sie, daß man den Blick nicht auf die Vergangenheit – auf die guten alten Bräuche der guten alten Zeit –, sondern auf die Zukunft wenden sollte. Fortschritt war nicht unumgänglich; doch er lag zumindest in Reichweite des Menschen.

WAR DIE AUFKLÄRUNG WICHTIG?

Viele stimmgewaltige Vertreter einer reaktionären Ideologie gaben in den neunziger Jahren des siebzehnten Jahrhunderts für alles, was ihnen als Übel der Französischen Revolution erschien, den *philosophes* die Schuld. Für Burke wie für Abbé Barruel waren die *illuminati* Visionäre, die sich an Vernunft berauscht hatten; mit ihren scheinbar attraktiven, pseudohumanitären Vorhaben und ihrer wohlfeilen Rhetorik hatten sie die leicht Verführbaren bezaubert und auf verhängnisvolle Weise den Status quo untergraben. Die Gegner der Aufklärung konnten ohne Zweifel auf ehemalige *philosophes* verweisen, die in das politische Geschehen der Französischen Revolution verwickelt waren. Als Condorcet während des großen Terrors starb und Tom Paine, der demokratische Verfasser von *The Age of Reason*, nur knapp mit dem Leben davonkam, lag folglich die Schlußfolgerung nahe, nun werde den Radikalen die Quittung präsentiert.

Es ist müßig, die *philosophes* für das, was 1789 und danach geschah, zu loben oder zu tadeln. Zu diesem Zeitpunkt waren sowieso fast all ihre Wortführer tot, so daß wir nicht wissen können, wie sie reagiert hätten. Liberale Reformer wie Erasmus Darwin begrüßten die Vorboten der Revolution, doch als man Ludwig XVI. hinrichtete und die Exzesse des großen Terrors um sich griffen, hatte er bereits jede Sympathie für sie verloren [13; 61].

Sinnvoll hingegen ist die Frage, was die *philosophes* zu ihren Lebzeiten erreicht haben. In vielen Ländern wurden hochherzige Reformmaßnahmen verabschiedet, die von Aufklärungslehren angeregt und manchmal von aufgeklärten Ministern in die Wege geleitet worden waren: Josephs II. Abschaffung der Leibeigenschaft im Österreichischen Kaiserreich ist hierfür ein bemerkenswertes Beispiel. Ludwig XVI. beauftragte Turgot, den *philosophe*, die französische Finanzkrise zu beheben. Er scheiterte, aber an dieser Auf-

gabe wäre jeder gescheitert. In England traf die neue Politikökonomie des ›freien Markts‹ der schottischen Schule auf
Beifall und wurde von Pitt dem Jüngeren und seinen Anhän-
gern schrittweise eingeführt. Der utilitaristische philosophische Radikalismus, von Jeremy Bentham systematisiert, hinterließ in den Verwaltungsreformen des neunzehnten Jahrhunderts unverkennbare Spuren: vor allem bei der radikalen
Neugestaltung des Armengesetzes.

Es mag schwierig sein, Maßnahmen zu finden, die von
Montesquieu, Voltaire, Diderot, d'Alembert, Mably oder
Morellet angeregt und tatsächlich realisiert wurden [61].
Dies sagt möglicherweise weniger über die Irrelevanz der
philosophes aus als über das katastrophale Unvermögen der
französischen Monarchie, ihr eigenes Haus zu bestellen.
Andererseits befaßten sich die führenden Persönlichkeiten
der ›Hochaufklärung‹ auch nicht vorrangig mit praxisnahen,
politischen Patentrezepten; sie wollten mit ihrer Kritik spür-
bare Schläge versetzen, und es ging ihnen um den viel wei-
tergehenden, schöpferischen Versuch, eine neue, humanere,
wissenschaftlichere Vorstellung vom Menschen als sozialem
und natürlichem Wesen zu entwerfen. Sie waren weniger an
Modellen als an Analysen, weniger an Ergebnissen als an
Fragen interessiert. Was ist die Natur des Menschen? Was ist
die Grundlage der Moral? Ist der Mensch ein soziales Wesen
oder nicht? Oder, wie Diderots letztes Theaterstück die Menschen fragt, *Est-il bon? Est-il méchant?* (Ist er gut? Ist er
böse?). Diderots Lebenwerk war ein schwindelerregender
Wirbelwind aus Fragen, Zweifel und Vieldeutigkeiten, die
geradezu nach der Bezeichnung ›Inbegriff der Moderne‹ verlangen.

Wie erwerben wir Wissen? Was ist richtig, was ist falsch?
Sind wir nichts als Maschinen, programmiert durch Genetik
und Chemie? Oder haben wir einen freien Willen? Oder *denken* wir vielleicht nur, wir hätten einen freien Willen? Woher
kommen wir? Wohin gehen wir? Diese Fragen wurden
immer wieder gestellt, manchmal spielerisch, manchmal
philosophisch. Ganz außer Zweifel steht, daß dieser von der

Aufklärung begonnene Weg des drängenden und endlosen Fragens nach der Natur des Menschen und der Triebfeder menschlichen Handelns eine radikale Ablehnung, zumindest aber eine Distanzierung von den klassischen Lehren über den Menschen, seine Pflichten und seine Bestimmung bedeutete, die in den Glaubensbekenntnissen und Katechismen aller christlichen Kirchen jahrhundertelang als alleinige Wahrheit verkündet worden war.

Historiker sind sich nicht einig darüber, wie radikal, wie hinreichend die explizit politischen Entwürfe der Aufklärung letztendlich waren. Sicher scheint, daß ihr wahrer Radikalismus darin liegt, mit dem biblischen, auf das Jenseits gerichteten Bild von Mensch, Gesellschaft und Natur gebrochen zu haben, das in der Heiligen Schrift offenbart, von den Kirchen bestätigt, von der Theologie rationalisiert und von Kanzel und Katheder herab gepredigt wurde. Noch gegen Ende des siebzehnten Jahrhunderts schrieb Bischof Bossuet, Europas berühmtester Historiker, eine, wie er es nannte, *Universalgeschichte*, in der er den Beginn der Menschheitsgeschichte vor nicht einmal sechstausend Jahren ansetzte, alle menschlichen Belange dem göttlichen Willen unterordnete und dabei (wie Voltaire pfiffig bemerkte) die Chinesen völlig übersah. Für die christliche Geschichtsschreibung war das Studium der Menschheit gleichbedeutend mit dem Studium der Vorsehung. Studienobjekt der von Voltaire begründeten philosophischen Geschichtsbetrachtung war das Handeln des Menschen in Natur und Gesellschaft. Gibbons *Decline and Fall of the Roman Empire (1776–88)* enthielt sogar eine ›natürliche‹ Geschichte der christlichen Religion, wonach sie in der Welt durch ausschließlich natürliche oder sekundäre Ursachen entstanden war. Die Geschichtsschreibung der Aufklärung – ja, ihr Blick auf den Menschen ganz allgemein – ersetzte Gott als Referenzpunkt durch den Menschen.

So leitete die Aufklärung auf entschiedene Weise die Säkularisierung des europäischen Denkens ein. Dies bedeutet nicht, daß alle *philosophes* Atheisten oder daß die Menschen danach nicht mehr religiös gewesen wären. Beides ist offenkundig falsch. Schließlich erlebte ganz Europa als Reaktion auf die Französische Revolution eine mächtige religiöse Wiederbelebung. Doch nach der Aufklärung war die christliche Religion nie wieder Alleinherrscherin über die öffentliche Kultur. Die Aufklärung ist die große Kulturscheide, die Dante und Erasmus, Bernini, Pascal, Racine und Milton – alle großen christlichen Schriftsteller und Künstler –, auf der einen Seite, von Delacroix, Schopenhauer, George Eliot und Darwin auf der anderen trennt. Die Romantik ist, könnte man sagen, was von der Seele bleibt, nachdem ihr die Religion genommen wurde.

Als die Aufklärung an Boden gewann, bedeutete dies das Ende von Glaubenskriegen, Hexenverfolgung und Ketzerverbrennung, sie bezeichnete das Hinscheiden von Magie und Astrologie, den Verfall des Okkulten und die Schwächung des Glaubens an die tatsächliche, physische Existenz von Himmel und Hölle, des Teufels und all seiner Gehilfen. Das Übernatürliche verschwand aus dem öffentlichen Leben. Um diese Lücke zu füllen, mußte die Empfindsamkeit des neunzehnten Jahrhunderts die Natur mit einer eigenen Heiligkeit ausstatten und neue Traditionen begründen, vor allem die öffentliche Zurschaustellung von Patriotismus. Die Religion gab es natürlich weiterhin, doch sie verlor nach und nach ihre Stützen in den Geistes- und Naturwissenschaften ebenso wie in einer reichhaltigen Vorstellungswelt. Die Aufklärung machte sie unglaubwürdig.

Diese gravierenden Veränderungen fanden nicht über Nacht statt. Aber sie geschahen. Warum? Fraglos waren bestimmte allgemeine Kräfte wie die Erfolge der naturwissenschaftlichen Forschung am Werk. Es wäre grob irreführend anzunehmen, daß sich die neue Naturwissenschaft im offenen Kampf gegen die Religion gewandt hätte. Keineswegs; die meisten Naturwissenschaftler des achtzehnten Jahrhunderts waren fromme Männer. Doch Entdeckungen in den Naturwissenschaften und andere Forschungsergebnisse unterhöhlten im Verlauf des achtzehnten Jahrhunderts unablässig jenes einzigartige Gefühl einer begrenzten Zeit und eines klar definierten Raums, ohne das die biblische Geschichte mit ihrem Garten Eden, den Ereignissen in Bethlehem und der Einsetzung von Petrus' Nachfolger in Rom nicht mehr plausibel war. Seit sich die Gelehrten den Glaubensproblemen stellten, die die Milliarden Sterne in einem unendlichen Weltraum und in Millionen von Jahren, die zahllose Fossilien ausgestorbener Lebewesen und nicht zuletzt die Geschichte der sprachlichen, kulturellen und rassischen Verschiedenheit des Menschen auf fünf Kontinenten bedeuteten, seitdem stand das Christentum immer mit dem Rücken zur Wand und war immer bemüht, sich an neues Wissen anzupassen. Die Aufklärung hingegen griff begeistert nach der Faszination des Unendlichen.

Man darf allerdings nicht vergessen, daß, wie schon im vierten Kapitel erwähnt, die Aufklärung eine Zeit war, in der zum ersten Male eine säkulare Intelligenz entstand, die groß und mächtig genug war, um dem Klerus die Stirn zu bieten. Jahrhundertelang beherrschten die Priester die besten Massenmedien (Kirchen, Kanzeln), hatten in den wesentlichen Bildungsinstitutionen (Schulen, Universitäten, Seminare) das Monopol auf alle Stellen und zudem noch die rechtliche Kontrolle über die Informationsverbreitung.

Dies wurde anders. Im Verlauf des achtzehnten Jahrhunderts begannen jene beträchtlichen Gruppen von *literati*, die nicht zur Kirche gehörten, ihren Lebensunterhalt mit Bildung und Schreiben zu verdienen. Manche fanden im Boulevard-Journalismus ein bescheidenes Auskommen; einige wenige wurden durch den Ertrag ihrer Feder sehr reich. Voltaire sagte, in seiner Jugend sei die Gesellschaft von jenen beherrscht worden, die aus guter Familie stammten; danach hätten Gelehrte sie übernommen. Diese Propagandisten nutzten neue Kommunikationskanäle wie Tageszeitungen und Wochenschriften (man könnte den *Spectator* eine weltliche Predigt nennen).

Sie wandten sich an ein ständig wachsendes Lesepublikum, das neue literarische Formen wie Essays, Belletristik und Biographien mit Begeisterung aufnahm. Deren Auswirkung wiederum wurde durch säkulare Einrichtungen wie Lesegesellschaften, Akademien und die bereits erwähnten literarischen und naturwissenschaftlichen Zirkeln verstärkt. Der Erste Stand, die ›Geistlichen Lords‹ (Bischöfe mit Sitz im Oberhaus), wurde also von einer neuen Körperschaft, dem ›Vierten Stand‹ (grob gesprochen, der Presse) zu einem Kampf herausgefordert, bei dem es darum ging, wer beim ›Zweiten Stand‹ (den herkömmlichen politischen Schichten) und dem sich ausbildenden ›Dritten Stand‹ (dem Volk) Gehör finden würde.

Es ist sehr schwierig, die Bedeutung des Wandels ausgewogen zu beurteilen, den die Aufklärung verursachte, indem sie zur Bildung einer Gruppe einflußreicher *literati* beitrug, mit anderen Worten, einer Intelligenz oder ›Klerisie‹, wie Coleridge es treffend nannte. In den frühmodernen Jahrhunderten, als das Wissen und die Wissensinterpretation noch großenteils in Handen des Klerus lagen, der übergeordneten Autoritäten formale Loyalität schuldete, verlief die Entstehung von Ideen in orthodoxen und vorhersehbaren Bahnen, wie es einer relativ stabilen, traditionellen Gesellschaft wohl angemessen war.

Die Loyalitäten der neuen Intelligenz hingegen waren sehr viel breiter gefächert. Manchmal schrieben sie für Gönner oder Auftraggeber. Häufig aber schrieben sie zu ihrem eigenen Vergnügen oder mit einem diffusen Gefühl der Kommunikation mit einer allgemeinen zahlenden ›Öffentlichkeit‹ da draußen. Und als sich die Schriftsteller von den Ketten befreiten, die den Klerus gebunden hatten, wurde die Gelehrtenwelt über alle Maßen vielfältig. Als die Alphabetisierungsrate stieg und mehr Menschen Flugschriften und Tageszeitungen lasen, spiegelte und förderte die Multiplikation von Organen, von denen sich ein jedes lautstark um Aufmerksamkeit bemühte, die größere Vielfalt in einer zunehmend von Meinungen beherrschten Gesellschaft im allgemeinen [105].

Wir könnten zu dem Schluß kommen, daß dies für Schriftsteller ebenso wie für Leser mehr Unabhängigkeit bedeutete. Oder daß das Vermächtnis der Aufklärung die Emanzipation des europäischen Geistes von den Scheuklappen des Dogmas sei. In diesem Fall müßte man die Auswirkungen der Aufklärung als radikal bezeichnen. Dies jedoch wäre zu einfach, und es werden Zweifel laut. Ideen entfernen sich nie sehr weit von der Gesellschaft. Und so wurden viele der gewagten, innovativen Gedanken des achtzehnten Jahrhunderts rasch absorbiert und umgestaltet, bis sie zu festen Stützen der etablierten Ordnung des neunzehnten Jahrhunderts geworden waren.

Aus den schönen neuen, aufgeklärten Humanwissenschaften – die gesellschaftliche Kräfte, Bevölkerungswachstum und das Entstehen von Wohlstand untersuchten – wurde eine positivistisch verzerrte Volkswirtschaft. Diese lieferte den Regierungen, die irgendwie erklären mußten, warum die kapitalistischen Verhältnisse unveränderlich und unvermeidbar sind und Armut die Schuld der Armen, schon bald hervorragende Ideologien an die Hand. Die wegweisende Psychologie von Condillac und Helvétius, wonach der Mensch voller Entwicklungsmöglichkeiten steckt, verkam schnell dazu, Kinder in der Schule und Erwachsene am Arbeitsplatz zu disziplinieren und zu Gehorsam anzuhalten. Was einmal die erregende Vision der (von der Erbsünde befreiten) ›Maschine Mensch‹ war, wurde im Maschinenzeitalter als Fabrikarbeit zur alptraumartigen Realität.

Die Aufklärung trug dazu bei, den Menschen von seiner Vergangenheit zu befreien. Dabei vermochte sie nicht, zugleich dem zukünftigen Entstehen neuer Knechtschaft vorzubeugen. Wir sind noch immer damit befaßt, die Probleme der modernen, urbanen Industriegesellschaft zu lösen, deren Hebamme die Aufklärung war. Und bei diesen Versuchen ziehen wir vor allem die sozialen Forschungsmethoden, die humanistischen Werte und naturwissenschaftlichen Kenntnisse heran, die die *philosophes* hervorbrachten. Wir sind bis heute die Kinder der Aufklärung.

Weiterführende Literatur

Die folgende Bibliographie ist nur ein winziger – und überwiegend aus angelsächsischer Perspektive kompilierter – Ausschnitt aus den verfügbaren Arbeiten zur Aufklärung. Neben bewährten Standardwerken, die zwar alt, dafür aber in den meisten Bibliotheken erhältlich sind, habe ich auch neue Interpretationen berücksichtigt. Aus Gründen der Verfügbarkeit führe ich mehr Bücher als Artikel auf.

Für alle, die über gute Sprachkenntnisse verfügen und/oder Zugang zu einer der großen Bibliotheken haben, gibt es hervorragende Bibliographien, die in speziellere Literatur als die hier genannte einführen. Die American Society for Eighteenth Century Studies gibt jährlich *The Eighteenth Century: A Current Bibliography* heraus. Es enthält eine maßgebliche, in einigen Fällen kommentierte Auflistung nahezu aller Publikationen, die in den Forschungsbereich Aufklärung fallen (die Jahresbände dieser Veröffentlichung umfassen gegenwärtig mehr als 500 Seiten!). Vor 1975 erschien diese Bibliographie als *Supplement* des Journals *Philological Quarterly*. Seit Mitte der fünfziger Jahre veröffentlicht die Voltaire Foundation in einer Reihe namens *Studies on Voltaire and the Eighteenth Century* jährlich mehrere Bände. Ein komplettes Verzeichnis aller bisher erschienen Bände ist bei der Foundation of the Taylor Institute in Oxford erhältlich. Zu den Bänden zählen die kompletten Protokolle zahlreicher internationaler Konferenzen zur Geschichte der Aufklärung; sie ermöglichen einen faszinierenden Einblick in die Entwicklungen in der einschlägigen Forschung und Interpretation. Studien und Rezensionen zum Thema Aufklärung erscheinen auch in zahlreichen Fachzeitschriften. Erwähnenswert sind vor allem *Eighteenth Century Studies, Eighteenth Century Life, The Eighteenth Century: Theory and Interpretation* (früher: *Studies in Burke and his Times*), *Journal of the History of Ideas, Enlightment and Dissent, Studies in Eighteenth Century Culture* und *The British Journal for Eighteenth Century Studies*. Zu vielen führenden *philosophes* gibt es spezielle Publikationen, z. B. *Diderot Studies*.

Peter Gays *The Enlightenment* [42] enthält überdies eine sehr detaillierte, kommentierte Bibliographie von Werken, die bis Mitte/

Ende der sechziger Jahre erschienen sind. Für neuere bibliographische Angaben wird sich auch der *Blackwell Companion to the Enlightenment* (Oxford: Basil Blackwell), herausgegeben von John Yolton, Roy Porter, Pat Rogers und Barbara Stafford, als hilfreich erweisen. Ich habe mich entschieden, im folgenden keine modernen Studienausgaben der *Werke* oder *Briefe* führender *philosophes* aufzuführen. Der erste Teil der Bibliographie umfaßt einige Anthologien mit Textauszügen aus den Schriften der führenden Köpfe der Bewegung.

Sammelbände

[1] Berlin, Isaiah (Hrg.). *The Age of Enlightenment.* New York 1956. Berlins Textauswahl konzentriert sich vor allem auf philosophische Themen und Autoren.

[2] Brinton, Crane (Hrg.). *The Portable Age of Reason.* New York 1956.

[3] Crocker, Lester G. (Hrg.). *The Age of Enlightenment.* New York 1969.

[4] Eliot, Simon und Stern, Beverly (Hrg.). *The Age of Enlightenment.* 2 Bd. New York 1979. Die vermutlich umfassendste Anthologie, die den Naturwissenschaften und den Künsten breiten Raum einräumt, allerdings mit einigen exzentrischen Auslassungen, wie z.B. Rousseau.

[5] Gay, Peter. *The Enlightenment.* New York 1973. Eine sehr umfangreiche und ausgewogene Sammlung.

[6] –. *Deism. An Anthology.* Princeton, NJ 1968. Eine überaus anregende Sammlung religiöser Schriften vor allem der Frühaufklärung.

[7] Marsak, L. (Hrg.). *The Enlightenment.* New York 1972.

[8] Rendall, Jane (Hrg.) *The Origins of the Scottish Enlightenment 1707–76.* London 1978. Eine nützliche Sammlung von Texten der schottischen Aufklärung.

Sekundärliteratur

[9] Adorno, Theodor W., und Horkheimer, Max. *Dialektik der Aufklärung*. Frankfurt am Main 1969. Eine Kritik der Aufklärung aus der Sicht der Frankfurter Schule, wonach sich die vielgerühmte wissenschaftliche ›Vernunft‹ nicht als befreiend, sondern als autoritär erwiesen hat.

[10] Anchor, Robert. *The Enlightenment Tradition*. Berkeley 1967. Ein begeisterter, wenn auch mit Mängeln behafteter Versuch, die Aufklärung als Ausdruck bürgerlicher Werte zu deuten.

[11] Aron, Raymond. *Hauptströmungen des klassischen soziologischen Denkens*. Reinbek 1979. Mit einer wichtigen Darstellung von Montesquieu als einer der Begründer der Sozialwissenschaften.

[12] Baker, K. M. *Condorcet: From Natural Philosophy to Social Mathematics*. Chicago 1975. Eine sehr schöne, intelligente Biographie des wichtigsten Sozialwissenschaftlers der Spätaufklärung.

[13] —. »Enlightenment and Revolution in France: Old Problems and Renewed Approaches«, in: *Journal of Modern History* 53 (1981), 281–303. Vertritt die Meinung, daß wir die Auswirkungen der Aufklärung auf die Französische Revolution erst richtig bewerten können, wenn wir mit der Geschichte des Ancien régime vertrauter sind.

[14] Becker, Carl. *The Heavenly City of the Eighteenth-Century Philosophers*. New Haven 1932. Stellt die provozierende These auf, mit der Demontage des Christentums durch die *philosophes* sei die Erfindung eines neuen Glaubens einhergegangen: die Religion der Vernunft. Die *philosophes* schufen ebenso viele Mythen wie sie zerstörten.

[15] Behrens, C.B.A. *Society, Government and the Enlightenment: The Experiences of Eighteenth Century France and Prussia*. London 1985. Wichtige vergleichende Studie über Ideale und Wirksamkeiten des ›aufgeklärten Absolutismus‹.

[16] Bene, E. und Kovacs, I. (Hrg.). *Les Lumières en Hongrie, en Europe Centrale et en Europe Orientale*. Budapest 1975. Aufsätze

über die Auswirkungen der Aufklärung auf die feudalistischen Staaten Mittel- und Osteuropas.

[17] Blanning, T.C.W. *Reform and Revolution in Mainz, 1743–1803.* Cambridge 1974. Zeigt, wie wichtig Aufklärungsgedanken für die Verwaltungsreformen in den deutschen Fürstentümern waren.

[18] –. *The French Revolution. Aristocrats versus Bourgeois?* London 1987. Prüft und widerlegt die Behauptung, wonach die Französische Revolution eine bürgerliche Revolution war.

[19] Brown, S.C. (Hrg.). *Philosophers of the Enlightenment.* Brighton 1979. Elf hervorragende Aufsätze von anerkannten Fachleuten zur Philosophie der wichtigsten *philosophes* von Locke bis Kant.

[20] Bruford, W.H. *Die gesellschaftlichen Grundlagen der Goethezeit.* Übers. v. F. Wölcken. Frankfurt am Main 1975. Guter Text zu der Entwicklung der kulturellen Ideale, die man mit der deutschen Aufklärung verbindet.

[21] Brumfitt, J. H. *Voltaire, Historian.* Oxford 1958. Betont zu Recht Voltaires Bedeutung für die Entwicklung einer philosophischen Geschichtsforschung und die Anfänge der Sozialgeschichte.

[22] Bryson, Gladys. *Man and Society. The Scottish Inquiry of the Eighteenth Century.* Princeton 1945. Schon älter, aber noch immer die beste allgemeine Einführung in die schottische Sozialphilosophie der Aufklärung, die zu Recht die Bedeutung der spekulativen Geschichtsschreibung betont.

[23] Burckhardt, Jakob. *Kultur der Renaissance in Italien.* Basel 1860. Die klassische Streitschrift für die ›Entdeckung‹ des ›Menschen‹ durch die italienische Renaissance des fünfzehnten Jahrhunderts.

[24] Burke, Peter. *The Renaissance Sense of the Past.* New York 1970. Untersucht das wachsende Geschichtsbewußtsein (vor allem die Entdeckung des ›Anachronismus‹) im Europa der Frühmoderne.

[25] Cassirer, Ernst. *Die Philosophie der Aufklärung.* 1932, Nachdruck 1965. Eine der ersten modernen Arbeiten, die die Philosophie der Aufklärung ernst nehmen. Cassirers Buch ist noch immer die führende Untersuchung zur Metaphysik, die dem Denken des achtzehnten Jahrhunderts zugrunde liegt.

[26] Chartier, Roger. *Cultural History. Between Practices and Representations.* Ithaca 1988. Chartier geht der komplexen Struktur und den Bedeutungen nach, die ›Kultur‹ im achtzehnten Jahrhun-

dert hatte. Einige Aufsätze befassen sich mit dem Problem, inwieweit Aufklärungsgedanken bis in den Lesestoff der Bauern durchsickerte.

[27] Chitnis, Anand. *The Scottish Enlightenment and Early Victorian Society*. London 1986. Betrachtet die längerfristigen Wirkungen der Aufklärungsgedanken.

[28] Cranston, Maurice. *Jean-Jacques: The Early Life and Work of Jean-Jacques Rousseau*. London 1983. Eine aktuelle und verläßliche Biographie.

[29] —. *Philosophers and Pamphleteers. Political Theorists of the Enlightenment*. Oxford 1986. Cranston behandelt die wichtigsten französischen Theoretiker von Montesquieu bis Condorcet und zeichnet nach, wie in der Generation der Französischen Revolution ›populistische‹ Gedanken entstanden.

[30] Crocker, Lester G. *An Age of Crisis: Man and World in Eighteenth Century France*. Baltimore 1959.

[31] —. *Nature and Culture: Ethical Thought in the French Enlightenment*. Baltimore 1963. In beiden Werken beleuchtet Crocker die Probleme, die Naturalismus, Subjektivismus und Relativismus der Aufklärung hervorriefen, und ihre Kritik am traditionellen christlichen Fundament moralischer und gesellschaftlicher Werte.

[32] Darnton, Robert. *The Business of Enlightenment. A Publishing Story of the Encyclopédie, 1775–1800*. Cambridge, Mass. 1979. Eine wichtige Arbeit zur Entstehung und Verbreitung der *Encyclopédie*. Legt besonderes Gewicht auf die Rolle des Buchhandels.

[33] —. *Literaten im Untergrund: lesen, schreiben und publizieren im vorrevolutionären Frankreich*. Übers. v. H. Ritter. Frankfurt am Main 1988. Enthält Darntons wichtige Aufsätze zur Popularisierung von Aufklärungsgedanken durch Presse, Buchhandel usw. und betont die Unterschiede zwischen ›hoher‹ und ›niederer‹ Kultur.

[34] Donnert, E. *Russland im Zeitalter der Aufklärung*. Wien 1984. Legt den Schwerpunkt auf die Forderungen der Regierung und die explosive Kraft von Ideen.

[35] Doyle, W. *The Ancien Regime*. London 1986. Die beste kurze, aktuelle Neubewertung der soziopolitischen Ordnung, die die *philosophes* kritisierten.

[36] Dukes, Paul. *The Making of Russian Absolutism.* London 1982. Wichtigste Darstellung der politischen Aufklärung in Rußland.

[37] Eisenstein, Elisabeth. »On Revolution and the Printed Word«, in: Roy Porter und Mikulás Teich (Hrg.), *Revolution in History* (Cambridge 1986), S. 186–205. Sieht Presse und Buchhandel als wesentlichstes Instrument zur Verbreitung radikaler Aufklärungsideen und erörtert deren Bedeutung für die Revolution.

[38] Foucault, Michel. *Wahnsinn und Gesellschaft.* Übers. v. U. Köppen. Frankfurt/Main 1969. Laut Foucault zeigte das Zeitalter der Vernunft keinerlei Toleranz gegenüber ›Unvernunft‹ oder Geistesgestörtheit. Durch die Aufklärung wurden Geisteskranke nicht ›befreit‹, sondern eingesperrt.

[39] –. *Überwachen und Strafen. Die Geburt des Gefängnisses.* Übers. v. W. Seitter. Frankfurt/Main 1976. Eine eindringliche Darstellung der Schattenseiten einer vermeintlich aufgeklärten Haltung in der Strafjustiz.

[40] Gay, Peter. *The Party of Humanity: Essays in the French Enlightenment.* New York 1971.

[41] –. *Voltaire's Politics: The Poet as Realist.* New York 1956. Gay rettet in diesen beiden Werken überzeugend vor allem Voltaires Ruf als geschickter und von Prinzipien geleiteter politischer Aktivist und Propagandist.

[42] –. *The Enlightenment: An Interpretation.* 2 Bd. New York 1966–69. Gay bietet die beste moderne, von Wohlwollen geprägte Darstellung der Aufklärung als Ursprung des modernen liberalen Humanismus, der Grundlage unseres heutigen Wertesystems ist.

[43] Goldmann, Lucien. *The Philosophy of the Enlightenment. The Christian Burgess and the Enlightenment.* Cambridge 1973. Provozierende marxistische Darstellung. Betont, wie vieldeutig und widersprüchlich die Aufklärung für das Bürgertum war.

[44] Grimsley, Ronald. *Jean d'Alembert 1717–83.* Oxford 1963. Eine kluge Lebensbeschreibung von Diderots Mitherausgeber der *Encyclopédie,* eines für die Wissenschaftsgeschichte recht bedeutenden Mathematiker.

[45] –. *The Philosophy of Rousseau.* Oxford 1973. Grimsley betont Rousseaus religiöse und vorromantische Grundlagen.

[46] Halévy, Elie. *The Growth of Philosophic Radicalism.* London 1928. Noch immer die beste Geschichte des utilitaristischen Denkens. Halévy konzentriert sich auf Großbritannien, schenkt aber auch den französischen Denkern einige Aufmerksamkeit.

[47] Hampson, Norman. *The Enlightenment.* Harmondsworth 1968. Der wohl anschaulichste moderne Überblick in einem Band.

[48] Hazard, Paul. *Die Krise des Europäischen Geistes.* Hamburg 1939. Übers. v. H. Wegener. Mit einem Vorwort von Carlo Schmid.

[49] –. *Die Herrschaft der Vernunft. Das europäische Denken im 18. Jahrhundert.* Hamburg 1949. In diesen beiden Büchern schildert Hazard in lebendigem Stil die revolutionären geistigen Veränderungen, die die Geistes- und Naturwissenschaften sowie die geographischen Entdeckungen des siebzehnten das ganze achtzehnte Jahrhundert über nach sich zogen.

[50] Herr, Richard. *The Eighteenth Century Revolution in Spain.* Princeton, NJ 1958. Die bei weitem beste Darstellung der (recht begrenzten) Auswirkungen der Aufklärung in Spanien.

[51] Hipple, W. J. *The Beautiful, the Sublime and the Picturesque in Eighteenth Century British Aesthetic Theory.* Carbondale 1957. Eine wichtige Interpretation der neuen Ästhetik des achtzehnten Jahrhunderts und ihrer philosophischen Grundlagen.

[52] Hoffmann, Paul. *La Femme dans la Pensée des Lumières.* Paris 1977. Die vollständigste Darstellung der (oftmals sehr widersprüchlichen) Einstellungen der *philosophes* zur Natur der Frau und deren Platz in der Gesellschaft.

[53] Hont, I. und Ignatieff, M. (Hrg.). *Wealth and Virtue. The Shaping of Political Economy in the Scottish Enlightenment.* Cambridge 1983. Diese Aufsatzsammlung stellt die Entstehung der modernen Smithschen Politikökonomie in den Kontext der Traditionen von Ethik und Naturgesetz, die in Schottland vorherrschten.

[54] Hunt, M. *et al.* (Hrg.) *Women and the Enlightenment.* New York 1984. Bahnbrechende Untersuchungen. Zusammen mit Hoffmann [52] zu benutzen.

[55] Jacob, Margaret C. *The Radical Enlightenment: Pantheists, Freemasons and Republicans.* London 1981. Ein provozierendes Werk, das behauptet, es habe vor der ›klassischen‹ Aufklärung, die mit

Montesquieu und Voltaire assoziiert wird, eine radikale Aufklärung gegeben. Jacobs Buch ist sehr umstritten.

[56] Jones, R. F. *Ancients and Moderns: A Study of the Background of the Battle of the Books.* St. Louis 1936. Ein Klassiker zur Entstehung einer optimistischen Kultur im siebzehnten Jahrhundert, die, Bacon folgend, in den Naturwissenschaften den Schlüssel zum Fortschritt sah.

[57] Kors, A. C. *D'Holbach's Circle. An Enlightenment in Paris.* Princeton 1977. Kors' Thema ist das scheinbare Paradox, daß die elitärsten Pariser Zirkel die radikalsten atheistischen Meinungen vertraten.

[58] – und Koshin, Paul J. (Hrg.). *Anticipations of the Enlightenment in England, France and Germany.* Philadelphia 1987. Elf aktuelle Aufsätze, die der Frage nach den – literarischen, philosophischen und kulturellen – Ursprüngen der Aufklärung nachgehen.

[59] Krieger, Leonard *Kings and Philosophers*, 1689–1789. New York 1970. Die beste Untersuchung der häufig beschwerlichen Interaktion zwischen Denkern der Aufklärung und dem ›aufgeklärten Absolutismus‹.

[60] Lough, John. *Essays on the Encyclopédie of Diderot and d'Alembert.* London 1968. Detailliert und zu Verfasserschaft wie Inhalt überaus informativ.

[61] –. *The Philosophes and Post-Revolutionary France.* Oxford 1982. Untersucht die Reformprogramme der *philosophes* und versucht einzuschätzen, inwieweit die Französische Revolution sie verwirklichte.

[62] McManners, J. *Death and the Enlightenment. Changing Attitudes to Death Among Christians and Unbelievers in Eighteenth Century France.* Oxford 1981. Eine grundlegende und oftmals bewegende Studie der Beziehung zwischen tradierten christlichen und neueren, aufgeklärten Haltungen, Glaubensvorstellungen und Praktiken.

[63] McNeil, Maureen. *Under the Banner of Science. Erasmus Darwin and his Age.* Manchester 1987. Sieht Darwin nicht nur als Wissenschaftler (einer der ersten Vertreter der biologischen Evolutionslehre), sondern als Sprecher einer entstehenden industriellen Bourgeoisie.

[64] Macpherson, C. B. *Die politische Theorie des Besitzindividualismus.* Übers. v. A. Wittekind. Frankfurt am Main 1990. Analysiert das Erstarken des politischen Liberalismus aus marxistischer Sicht.

[65] Manuel, Frank E. *The Eighteenth Century Confronts the Gods.* New York 1967. Ein anregender Überblick über die Versuche der Aufklärung, die Religion zu entmystifizieren.

[66] Mason, Haydn. *Voltaire. A Biography.* Baltimore 1981. Die beste neuere Lebensbeschreibung.

[67] Mauzi, Robert. *L'Idée du bonheur dans la littérature et la pensée française au XVIII siècle.* Paris 1960. Mauzi untersucht, welche Folgen für Psychologie und Ethik der neue Gedanke der Aufklärung hatte, Sinn menschlichen Lebens sei Streben nach Glück.

[68] May, Henry F. *The Enlightenment in America.* New York 1976. Der beste Überblick. Betont die Vielfalt von Aufklärungsströmungen und legt zu Recht allergrößtes Gewicht auf die Rolle der Religion.

[69] Meek, Ronald (Hrg.). *The Economics of Physiocracy.* Cambridge, Mass. 1962. Aufsätze über das geistige Fundament der Bewegung im französischen ökonomischen Denken, nach dem jeder Wohlstand auf Grundbesitz und Landwirtschaft beruht.

[70] Mornet, D. *Les Origines intellectuelles de la révolution française, 1715–1787.* Paris 1932. Bahnbrechender Versuch, die Auswirkungen der Aufklärung auf die vorrevolutionäre französische Kultur einzuschätzen. Mornet bezweifelt die verbreitete Meinung, wonach Voltaire, Rousseau usw. zu den meistgelesenen politischen Schriftstellern des achtzehnten Jahrhunderts gehört haben.

[71] Palmer, Robert R. *Catholics and Unbelievers in Eighteenth Century France.* New York 1961. Zeigt, daß das Bild der *philosophes* der katholischen und insbesondere jesuitischen Intoleranz und Bigotterie großenteils eine Karikatur war.

[72] –. *The Age of the Democratic Revolution: A Political History of Europe and America, 1760–1800.* 2 Bd. Princeton, NJ 1959–1964. Palmer geht von einem kumulativen politischen Wandel in Amerika und Europa aus, der auf einem neuen demokratischen Denken sowie der Bedeutung des amerikanischen Unabhängigkeitskrieges als Vorbild gründete.

[73] Payne, H. C. *The Philosophes and the People*. New Haven 1976. Ein sensible Darstellung der Grenzen, die die Sympathien der französischen *lumières* zum Volk hatten.

[74] Pocock, J. G. A. *The Machiavellian Moment. Florentine Political Thought and the Atlantic Republican Tradition*. Princeton, NJ 1975. Eine informative Analyse des ›bürgerlichen Humanismus‹ als politischer Tradition, die die Vorzüge kleiner Republiken mit einem hohen Grad an Bürgerbeteiligung betont.

[75] Porter, Roy. *Edward Gibbon: Making History*. London 1988. Setzt Gibbon in den Kontext der aufklärerischen Geschichtsschreibung.

[76] – und Porter, Dorothy. *In Sickness and In Health. The British Experience, 1650–1850*. London 1988. Behandelt sich verändernde Einstellungen zu und Erfahrungen von Gesundheit und Krankheit, Leben und Tod.

[77] – und Teich, Mikuláš (Hrg.) *The Enlightenment in National Context*. Cambridge 1981. Dieser Sammelband untersucht die Aufklärung in verschiedenen Nationen. Porter schreibt über England, Nicholas Phillipson über Schottland, Norman Hampson über Frankreich, Simon Schama über die Niederlande, Samuel S. B. Taylor über die Schweiz, Owen Chadwick über Italien, Joachim Whaley über das protestantische, T. C. W. Blanning das katholische Deutschland, Ernst Wangermann über Österreich, Mikuláš Teich über Böhmen, Tore Frängsmyr über Schweden, Paul Dukes über Rußland und J. R. Pole über Amerika.

[78] Proust, Jacques. *Diderot et l'Encyclopédie*. Paris 1962. Zusammen mit Darnton [32] zu benutzen.

[79] Raeff, Michael. *The Well-Ordered Police State. Social and Institutional Change Through Law in the Germanies and Russia, 1600–1800*. New Haven 1984. Fundierteste Studie zur Philosophie aufgeklärter Regierungen in absolutistischen Staaten.

[80] Redwood, John. *Reason, Ridicule and Religion: The Age of Enlightenment in England*. London 1976. Obwohl lückenhaft und häufig unrichtig, ist dies noch immer die aktuellste Darstellung des geistigen Gärungsprozesses in England.

[81] Roche, Daniel. *Les Républicains des lettres. Gens de culture et lumières au XVIII siècle*. Paris 1988. Wie in seinen früheren Arbeiten, benutzt Roche statistische Methoden, um die Verbrei-

tung von Aufklärungsgedanken unter den Gebildeten in der französischen Provinz zu untersuchen und um Lesegewohnheiten zu dokumentieren.

[82] Roger, Jacques. *Les Sciences de la vie dans la pensée française au XVIII siècle.* Paris 1963. Die mit Abstand beste Einführung in die Atmosphäre des französischen Wissenschaftsdenkens während der Aufklärung.

[83] Rossi, P. *The Dark Abyss of Time. The History of the Earth and the History of Nations from Hooke to Vico.* Chicago 1984. Die beste Darstellung, wie die Aufklärung das immense Alter des Universums entdeckte und welche Einstellung die *philosophes* zur Antike hatten.

[84] Rousseau, G. S. und Porter, Roy (Hrg.). *The Ferment of Knowledge: Studies in the Historiography of Eighteenth Century Science.* Cambridge 1980. Das umfassendste Buch zu den naturwissenschaftlichen Entwicklungen während der Aufklärung.

[85] – und – (Hrg.). *Sexual Underworlds of the Enlightenment.* Manchester 1988. Die Aufsätze befassen sich mit der Zwiespältigkeit einer sexuellen Befreiung, wie sie von Denkern und literarischen Propagandisten der Aufklärung verkündet wurde.

[86] Sampson, R. V. *Progress in the Age of Reason.* London 1956. Eine hilfreiche Untersuchung zu den Nuancen des Vervollkommnungsgedankens.

[87] Schama, Sinon. *Überfluß und schöner Schein: zur Kultur der Niederlande im Goldenen Zeitalter.* Übers. v. E. Nowak. München 1988. Schama betont die einzigartige ›Modernität‹ des niederländischen Lebens im siebzehnten Jahrhundert.

[88] Schlereth, Thomas. *The Cosmopolitan Ideal in Enlightenment Thought.* Notre Dame 1977. Ein guter Überblick über den ›Universalismus‹ der Aufklärung, den Wunsch, nationale Grenzen und enges Spießbürgertum zu überwinden.

[89] Schofield, R. E. *The Lunar Society of Birmingham.* Oxford 1963. Die beste Untersuchung über die Interaktion in einer englischen Clique von *philosophes*, Fabrikanten und Wissenschaftlern.

[90] Shackleton, Robert. *Montesquieu: A Critical Biography.* London 1961. Eine hervorragende Biographie, die auf gründlichem Studium handschriftlicher Quellen basiert.

[91] Smith, D. W. *Helvétius, A Study of Persecution.* Oxford 1965. Eine gelungene Darstellung dieses frühen Vertreters des Utilitarismus.

[92] Stephen, Leslie. *English Thought in the Eighteenth Century.* 2 Bd. New York 1962. Schon etwas älter, aber noch immer die beste Analyse des englischen Deismus.

[93] Talmon, J. L. *The Rise of Totalitarian Democracy.* London 1952. Klassischer Text zu der Behauptung, in Rousseaus Vorstellung von Freiheit und Gemeinwille liege bereits der Samen des modernen Totalitarismus.

[94] Tomaselli, Sylvana. »The Enlightenment Debate on Women«, in: *History Workshop Journal* 20, 1985, S. 101–124. Weist nach, daß viele Aufklärer meinten, Frauen sei bei der Entwicklung der modernen, gebildeten, fortschrittlichen Gesellschaft eine wichtige Rolle zugekommen.

[95] Vartanian, Aram. *Diderot und Descartes. A Study of Scientific Naturalism in the Enlightenment.* Princeton, NJ 1953. Eine sensible Darstellung von Descartes' Einfluß auf die Entwicklung des materialistischen Denkens.

[96] Venturi, Franco. *Utopia and Reform in the Enlightenment.* Cambridge 1971. Venturi beleuchtet, wie attraktiv und zugleich zwiespältig die republikanische Tradition des politischen Denkens war.

[97] –. *Italy and the Enlightenment.* Hg. von S. Woolf. London 1972. Bedeutende Aufsätze zur italienischen Aufklärung.

[98] Vereker. *Eighteenth Century Optimism.* Liverpool 1967. Untersucht den ›Aufklärungsoptimismus‹, der zwei Seiten hatte und den man leicht als Variante eines fatalistischen Pessimismus interpretieren könnte.

[99] Vyverberg, Henry. *Historical Pessimism in the French Enlightenment.* Cambridge, Mass. 1958. Vyverberg widerlegt die Auffassung, die *philosophes* seien naiv optimistische Fortschrittspropheten gewesen.

[100] Wade, Ira O. *The Clandestine Organization and Diffusion of Philosophic Ideas in France 1700–1750.* Princeton, NJ 1967.

[101] –. *The Intellectual Origins of the French Enlightenment.* Princeton, NJ 1971. Wades Bücher sind klassische Untersuchungen

106

über Ursprünge und Verbreitung des Radikalismus der Frühaufklärung.

[102] Wangermann, Ernst. *The Austrian Achievement, 1700–1800*. New York 1973. Wichtige Untersuchung über die wechselseitige Beeinflussung von Regierung und Aufklärungsgedanken im Herrschaftsraum der Habsburger.

[103] Watt, Ian. *Der bürgerliche Roman. Aufstieg einer Gattung*. Übers. V. K. Wölfel. Frankfurt am Main 1974. Schon 1957 erschienen, ist dies noch immer die beste Darstellung der ideologischen Grundlagen der neuen Art von Belletristik, die Schriftsteller des achtzehnten Jahrhunderts begründeten.

[104] White, R. J. *The Anti-Philosophers. A Study of the Philosophes in Eighteenth Century France*. London 1970. Zusammen mit Bekkers *Heavenly City* der entschiedenste Versuch, der Aufklärung ihren Nimbus zu nehmen.

[105] Williams, Raymond. *The Long Revolution*. London 1961. Eine synoptische Studie zur Entstehung der Medien in der bürgerlichen Gesellschaft während der vergangenen drei Jahrhunderte.

[106] Wills, Garry. *Inventing America: Jefferson's Declaration of Independence*. Garden City, New York 1978. Wills beweist, daß die wesentlichen Dokumente der neuen Republik in vielem auf der Moralphilosophie und den politischen Auffassungen der schottischen Aufklärung basieren.

[107] Wilson, Arthur. *Diderot: The Testing Years 1713–1759*. New York 1969. Die beste Biographie.

[108] Yolton, John. *John Locke and the Way of Ideas*. New York 1956. Eine sensible Darstellung des revolutionären Charakters der Lockeschen Epistemologie.

Ergänzungen zur deutschen Ausgabe

[109] Bürger, Christa und Peter (Hrsg.). *Aufklärung und literarische Öffentlichkeit.* Frankfurt/M 1980.

[110] Dieckmann, Herbert. *Diderot und die Aufklärung.* Stuttgart 1974. Der Band enthält grundlegende Studien wie »Themen und Struktur der Aufklärung« und Einzelinterpretationen.

[111] –. *Studien zur europäischen Aufklärung.* München 1974. Neben klassisch gewordenen Deutungen (»Die künstlerische Form des *Rêve d'Alembert*) Studien zur Ästhetik und Philosophie des 18. Jahrhunderts.

[112] Elias, Norbert. *Die höfische Gesellschaft.* Neuwied/Berlin 1969. Klassische anthropologisch-soziologische Untersuchungen zur Gesellschaft des 17. und 18. Jahrhunderts.

[113] Koselleck, Reinhard. *Kritik und Krise.* Freiburg/München 1969. Über die politisch-utopische Dynamik der Aufklärung

[114] Habermas, Jürgen. *Strukturwandel der Öffentlichkeit.* Neuwied und Berlin 1962 u. ö. Versuch, die moderne politische Öffentlichkeit aus der sozialen Herausbildung einer lesenden und diskutierenden Öffentlichkeit im 18. Jahrhundert herzuleiten.

[115] Krauss, Werner. *Perspektiven und Probleme. Zur französischen und deutschen Aufklärung.* Neuwied und Berlin 1965. Literarsoziologische Arbeiten, die neue Tendenzen der Darstellung und der Distribution vor allem der französischen Literatur behandeln.

[116] Möller, Horst. *Vernunft und Kritik. Deutsche Aufklärung im 17. und 18. Jahrhundert.* Frankfurt/M 1986. Arbeiten zur Sozialgeschichte

[117] Pütz, Peter (Hrsg.). *Erforschung der deutschen Aufklärung.* Königstein/Ts. 1980. Sammelband mit Aufsätzen und Buchausschnitten deutscher Wissenschaftler

[118] Schneiders, Werner. *Die wahre Aufklärung.* Freiburg/München 1974. Studien zum Selbstverständnis der deutschen Aufklärung.

[119] Starobinski, Jean. *Das Rettende in der Gefahr.* Frankfurt/M. 1990. Studien und Textinterpretationen, die den Autor entschlüsseln; zu Montesquieu, Voltaire, Rousseau und Diderot.

[120] –. *Rousseau,* München 1988.

[121] –. *Montesquieu,* München 1991.

[122] Szondi, Peter. *Poetik und Geschichtsphilosophie I/II.* Frankfurt/M., 1974. Einführende Vorlesung in die literarische Ästhetik der Goethezeit.

ROY PORTER unterrichtet Sozialgeschichte und Medizinge-
schichte am Wellcome Institute for the History of Medicine
der Universität London. Zu seinen wichtigsten Büchern
gehören ›Mind Forg'd Manacles. A History of Madness in
England‹ (1987) und ›Health for Sale. Quackery in England
1660–1850‹ (1989). Er arbeitet gegenwärtig an einer
Geschichte der Hysterie.

LEBENDIGE GESCHICHTE

ALBERT SOBOUL   *Kurze Geschichte der Französischen Revolution*
Die große Französische Revolution beseitigte nicht nur eine klerikale
und feudale Diktatur, sondern verhalf auch den ›bürgerlichen Freihei-
ten‹ zum Durchbruch. Sie prägt unsere Geschichte bis heute.
Aus dem Französischen von Bernd Schwibs und Joachim Heilmann
Wagenbach: Taschenbuch 23. 160 Seiten

LUCIEN FEBVRE   *Der neugierige Blick*
Leben in der französischen Renaissance
Lucien Febvre gelingt in diesem Buch ein farbiges Portrait des weltof-
fenen, risikofreudigen und abenteuernden ›neuen Menschen‹.
Mit einem Vorwort von Peter Burke
Aus dem Französischen von Gabriele Ricke und Ronald Voullié
Wagenbach: Taschenbuch 171. 112 Seiten

KARL CHRIST   *Geschichte und Existenz*
Ein Überblick über eine Wissenschaft, die wie kaum eine andere in die
Existenz der Menschen eingreift, freilich auch wie keine andere von
der Politik mißbraucht wird.
Kleine Kulturwissenschaftliche Bibliothek 34
Englische Broschur. 96 Seiten

PETER BURKE   *Offene Geschichte   Die Schule der ›Annales‹*
Die erste vollständige Gesamtdarstellung einer Revolution in der Ge-
schichtswissenschaft: Die Mentalitäten-Geschichte der ›Annales‹, ihre
bedeutendsten Köpfe und ihre wichtigsten Werke in einem konzen-
trierten, kurzen Überblick.
Aus dem Englischen von Matthias Fienbork
Allgemeines Programm
Englische Broschur. 160 Seiten mit 63 Abbildungen

LOTHAR BAIER *Die große Ketzerei*
Verfolgung und Ausrottung der Katharer
durch Kirche und Wissenschaft

» Eine besondere Qualität dieser essayistisch-erzählerischen Studie
liegt darin, daß der Autor — bei aller Sympathie für die Häretiker, Ketzer und Dissidenten — nie der Gefahr erliegt, sie zu mystifizieren und
romantisieren.«

Michael Schneider, Frankfurter Rundschau

Wagenbach: Taschenbuch 191. 208 Seiten

Bilder schreiben Geschichte: Der Historiker im Kino
Herausgegeben von Rainer Rother
Können Filme Geschichte darstellen oder sind sie nur Zeugnisse ihrer
Zeit? Ein Überblick über die Zugangsweisen, mit denen Historiker
Filme als ein Sprechen über vergangene Zeit begreifen und in ihnen
die Sprache ihrer Zeit finden.

Wagenbach: Taschenbuch 193. 176 Seiten

HANNAH ARENDT *Israel, Palästina und der Antisemitismus*
Aufsätze

In diesem Band sind die wichtigsten Essays gesammelt, mit denen die
große Philosophin zu zwei — zumal für die Deutschen — entscheidenden
Fragen Stellung genommen hat: Zum Antisemitismus vor wie nach
Auschwitz und zum Palästinaproblem. Mit ihren Thesen hat sie
wütende Reaktionen gerade bei denen provoziert, an die sie sich besonders wandte: An die europäischen Linken und die kompromißlosen Anhänger einer jüdischen Staatsgründung.

Wagenbach: Taschenbuch 196. 128 Seiten

Zum Weiterlesen ...
Schreiben Sie uns eine Postkarte, wir schicken Ihnen
gern unseren Almanach ZWIEBEL:

Verlag Klaus Wagenbach, Ahornstraße 4, 1000 Berlin 30